Ta carrière est fi-nie !

Zoé Shepard

Ta carrière est fi-nie !

FICTION

Albin Michel

Ce roman n'est (toujours) pas un document visant à pointer du doigt une collectivité particulière.

Par conséquent, toute ressemblance avec des personnes, des établissements ou des situations existant ou ayant existé ne saurait être que fortuite.

Prologue

– Vous êtes donc de retour.

– Oui.

La directrice des ressources humaines de la mairie regarde sa fiche, émet un claquement de langue désapprobateur et s'appuie contre la porte de son bureau :

– Zoé Shepard, chargée de mission transversale à la Direction Internationale et Européenne. Vous vous occupiez d'un partenariat avec le Jilin, une province chinoise, quand vous avez brusquement décidé de partir, c'est ça ?

– Oui.

– Il est inscrit ici que vous avez pris un congé sabbatique. C'est une erreur administrative, non ?

– Pas du tout, je suis partie un an au Sénégal participer à la construction d'une école dans un cadre associatif.

Sylvie Mercier se mordille l'ongle nerveusement, avant de me regarder avec un air entendu :

– Vous étiez en détachement à la DGSE[1] ?

– Absolument pas. Écoutez, je suis vraiment partie en Afrique avec une association.

1. Direction Générale de la Sécurité Extérieure.

– Une administratrice territoriale en poste depuis moins de dix-huit mois qui serait partie à l'aventure, j'ai du mal à vous croire.

Notre DRH ne réalise sans doute pas qu'après huit années d'études passées à rêver de servir l'intérêt général, se retrouver dans un no work's land ponctué de réunions stériles et à rendre des notes jamais lues est tout simplement invivable. Et que quitter temporairement la mairie était la dernière étape avant le pétage de plombs en règle.

– Vous me voyez plus en James Bond Girl ?

Elle hausse les épaules et je comprends qu'effectivement, avoir décidé de partir me rendre utile loin d'une mairie ravagée par le népotisme et le gaspillage lui paraît inconcevable.

– Puisque, de toute évidence, vous ne souhaitez pas m'en dire plus, nous allons commencer l'entretien. Dans le cadre de notre réforme des procédures managériales, la DMEPH met un point d'honneur à recevoir tous les nouveaux arrivants.

– La quoi ?

– La DMEPH. La Direction du Management et de l'Épanouissement du Potentiel Humain, notre nouvelle DRH, voyons ! développe-t-elle d'un ton agacé. Je vais établir avec vous un contact humain détendu et me mettre en position d'écoute active pour vous permettre d'échanger avec moi.

Ça n'est pas gagné. Cette quadragénaire réservée ne rencontre les agents que contrainte et forcée, s'acquittant généralement de la corvée avec une mauvaise grâce qu'elle ne prend même pas la peine de dissimuler. Et je doute que son élévation au rang très prisé de manager en charge de l'épanouissement du potentiel humain change réellement la donne.

À grand renfort de soupirs à fendre l'âme, elle me fait entrer dans son bureau. Dire qu'elle ne fait pas partie de mon fan club est un doux euphémisme. Lors de notre première et unique rencontre officielle, deux ans et demi auparavant, j'ai eu le malheur de lui demander une simulation de salaire.

Grossière erreur.

En France, parler d'argent est tabou.

À la mairie, parler d'argent avec Sylvie Mercier revient à faire son coming out comme inhumaine usurière vendue au Grand Capital.

Les gens bien payés semblent toujours s'offusquer de l'importance que peut avoir l'argent pour un salarié. Sans doute est-il plus facile de se vanter d'être au-dessus de ces considérations bassement matérielles lorsque, comme Sylvie Mercier, on touche six Smic par mois.

Avoir un entretien avec elle, c'est un peu comme assister au discours d'initiation d'un gourou. À cette différence significative que, là, on est payé pour croire toutes les conneries qu'elle nous raconte.

– Cet entretien d'accueil participe à l'effort de modernisation de la gestion des ressources humaines de la fonction publique territoriale, m'annonce-t-elle solennellement. Il s'inscrit dans une perspective de prise en compte des qualités et de la valeur professionnelle dans le déroulement de carrière des fonctionnaires…

– Très bien.

– C'est un moment d'échanges constructifs, finit-elle de lire avant de relever les yeux.

– D'accord.

– Vous reprenez donc votre poste de chargée de mission transversale à la Direction Internationale et Européenne, auprès de M. Nicolas Baudet. La durée hebdomadaire de votre temps de travail est de trente-cinq heures.

Dans un monde parfait, ce serait effectivement le cas.

– Voici votre badge et nous avons fait faire des stylos au logo de la mairie. Vous pourrez signer votre feuille de retour avec lorsqu'elle aura été finalisée par mes services.

– Il y a de fortes probabilités que je l'aie perdue d'ici là.

– Pardon ?

– Non, rien, je vous remercie de m'avoir reçue.

– Mais vous ne pouvez pas partir ! proteste-t-elle en se levant d'un bond avant de courir vers la porte.

– Mais si !

– Le guide indique qu'il est impératif d'accorder à un entretien de retour une durée de trente minutes.

Je la regarde, effarée :

– Mais que va-t-on faire pendant les vingt-deux minutes qui restent ?

Sylvie Mercier commence à compulser fébrilement son imposant guide et annonce :

– En vue d'une qualité démocratique accrue, nous nous sommes engagés dans une véritable révolution culturo-politique afin d'accroître la proximité, l'écoute et la transparence avec le personnel.

Misère.

– Je vais vous faire remplir un questionnaire qui vous permettra de faciliter votre réintégration, décide-t-elle, avant d'ouvrir une armoire remplie à ras bord de dossiers qu'elle n'a sans doute jamais ouverts. Vous ne voulez toujours pas nous parler de votre mission secrète ?

Mon retour s'annonce, décidément, sous les meilleurs auspices.

– Je vous ai tout dit. Pour votre formulaire, en revanche, pas de problèmes…

Rassérénée, elle me tend une feuille avant de m'informer que ma signature indique que j'accepte les modalités de l'entretien et quitte la pièce.

Je m'arme de courage et parcours des yeux le précieux document :

D'après vous, qu'est-ce qui vous permettrait de mieux vous faire comprendre par vos interlocuteurs ?

Qu'ils subissent une lobotomie.

Comment procédez-vous lorsque vous voulez demander quelque chose à votre patron ?

Je n'oublie pas de dire : « S'teuplaît Simplet. »

Obtenez-vous des résultats convaincants ?

Non. Donc je fais ce que j'ai à faire sans le prévenir, ce qui nous épargne une réunion inutile.

Quelle impression avez-vous lorsque vous exposez une opinion à votre patron ?

Celle de pisser dans un violon, contre le vent.

Pensez-vous être capable de présenter une argumentation ?

Depuis la troisième, je maîtrise assez bien le « d'une part », « d'autre part »… ça compte ?

Lorsque vous voulez impressionner votre interlocuteur, vous habillez-vous d'une manière spéciale ?

Non, j'y vais sans rien, je retiens mieux l'attention, nue.

Quelle est votre passion, dans la vie ?

Passer des entretiens.

En fait, la seule question pour laquelle je n'ai pas de réponse est : « Combien de temps vais-je tenir ? »

Septembre

Let's start the new year right

La théorie, c'est quand on sait tout et que rien ne fonctionne.
La pratique, c'est quand tout fonctionne et que personne ne sait pourquoi.
Ici, nous avons réuni théorie et pratique : rien ne fonctionne et personne ne sait pourquoi.

Albert Einstein

Lundi 1er septembre

9 heures

Enfant, on croit qu'un grabataire barbu nous apportera des jouets par milliers en passant par la cheminée. Mais un jour, par la porte entrebâillée, on assiste au triste spectacle de Tonton Bernard se contorsionnant pour faire entrer sa bedaine dans le déguisement rouge et l'on doit se résoudre à la triste vérité : tout le monde ment. Comment a-t-on pu être aussi crédule ?

On se promet de ne plus se faire avoir.

Il y a un an, je croyais dur comme fer revenir dans une mairie débarrassée de M. Baudet, dit Simplet, administrativement connu sous le nom de « mon supérieur hiérarchique ». Et bien sûr d'Alix, son âme damnée, conseillère technique du maire, notre Parrain, le Don.

Pourtant, franchissant les portes de la mairie, je me retrouve face à un portrait grandeur nature du Don annonçant fièrement : « Réélu grâce à vous. »

La situation est claire comme une IRM du cerveau de Simplet : un an et des élections municipales plus tard, rien n'a changé.

Quoique, en y réfléchissant bien, la dernière fois que j'ai mis les pieds à la mairie, il n'y avait pas quatre cents personnes scandant « À travail égal, salaire égal ! » dans le hall.

Je me dirige vers la Direction Internationale et Européenne où je reviens après un congé sabbatique qui m'a laissée absolument dé-bor-dée et retrouve mon patron occupé à décoder le mode d'emploi de son kit mains libres.

– Ben, qu'est-ce que tu fais là ? demande-t-il sans lever les yeux de son nouvel objet transitionnel.

Apparemment, mon chef n'a pas mis cette année à profit pour apprendre à lire jusqu'au bout les missives administratives l'informant de la situation de ses agents, en général, et de mon retour au 1er septembre, en particulier.

– Dis donc, ça fait longtemps que tu es partie, non ? continue-t-il d'une voix qui trahit le regret que mon absence n'ait pas duré davantage.

– Un an.

– Qu'est-ce qui t'a fait revenir ?

Le bonheur incommensurable de travailler avec une pointure comme toi.

– Aucune importance de toute façon, déclare Simplet. Puisqu'il va bien falloir te caser quelque part, je t'affecte au PIS.

– Au quoi ?

La marotte favorite de mon patron a toujours été de changer le nom des structures qu'il fait semblant de manager. Activité inutile et chronophage, soit deux conditions sine qua non pour devenir l'un de ses passe-temps fétiches. Après la brillante transformation de l'AIE (Affaires Internationales et Européennes) en DIE (Direction Internationale et Européenne), Simplet n'en est pas resté là : tous les services sont passés à la moulinette et la note qu'il me tend m'apprend donc que les affaires européennes ont été rebaptisées Pôle Union Européenne et que les affaires internationales s'appellent désormais Pôle International Service.

PUE et PIS.

Même dans mes rêves les plus démoniaques, je n'aurais jamais envisagé ça.

Si ces nouvelles appellations ne changent en rien ce qui est fait dans les services – pas grand-chose –, elles ne laissent aucun doute sur le degré de mégalomanie de leur directeur.

L'occupation favorite de Simplet – s'écouter expliquer que la modernisation d'un service passe par son changement de nom – est interrompue par son assistante, Michelle l'Efficace, qui dépose sur son bureau les dossiers qu'elle a traités à sa place.

– Je signe où ? demande Simplet en baladant son Montblanc d'un air indécis.

– Sur les croix dessinées au crayon à papier. Comme d'habitude, ajoute Michelle d'un ton plus las que dans mon souvenir.

Simplet appose une signature démesurément grande qui ravirait n'importe quel graphologue, avant de quitter précipitamment son bureau pour se rendre à une « cellule de crise ».

– La batterie du BlackBerry d'un chef est en panne ?

– Le DGS[1] a profité du creux de l'été pour revaloriser le régime indemnitaire des cadres supérieurs : ils vont

1. Directeur Général des Services.

toucher 600 euros de plus par mois ! Prime qui s'ajoute à leur voiture, tickets-restaurant et autre téléphone de fonction. L'administration propose une revalorisation des primes des catégories C de 12 euros brut, m'explique Michelle d'un ton écœuré. Tu n'as pas vu les agents dans le hall ? Le DGS est furieux !

« La générosité n'est pas toujours le sacrifice de soi[1]. » Chez nous, c'est souvent celui des deniers publics sur l'autel du clientélisme.

La conviction de nos dirigeants de pouvoir agir en toute impunité et leur étonnement aussi naïf que sincère en constatant que la connerie effectuée en catimini réapparaît quelques semaines plus tard, comme un cadavre remontant à la surface de l'eau, m'ont toujours sidérée.

Lorsqu'on devient directeur à la mairie, se produit une réaction chimique qui fait perdre le peu de sens commun dont disposent les nouveaux promus. Ils ont été sacrés par le Don qui les a reçus dans son bureau pour leur expliquer que, sans eux, la collectivité n'est rien et que, grâce à leur travail, le service public va retrouver ses lettres de noblesse.

Les avantages matériels qu'ils ont pu glaner lors de leur nomination ont suffi à endormir le peu de conscience qu'il leur reste : ils y ont cru.

Outre un nouveau bureau doté d'un mobilier flambant neuf choisi dans un catalogue proposant du Mobilier de Cadres Supérieurs Très Importants, leur promotion leur permet de moissonner tous les signes tangibles de réussite : voiture de fonction intérieur cuir, tablette tactile et autres écrans plats qui sont d'évidentes preuves d'amour.

1. Henry de Montherlant, *Le Maître de Santiago*, 1948.

Vivre de l'amour du Don et de BlackBerry, n'est-ce pas l'essence de la vie ?

Mais pour mettre de l'essence dans la grosse auto de directeur, il faut de l'argent. Nos nouveaux philanthropes ont donc eu cette idée lumineuse : faire voter des primes supplémentaires pour les travailleurs de force. Le budget n'étant pas extensible à l'envi, ils ont fixé des critères tellement restrictifs qu'ils sont en fait les seuls à en bénéficier.

Tous les agents de la collectivité sont égaux, mais certains le sont plus que d'autres.

– Vous ne trouvez pas ingérant que les dirigeants touchent des primes énormes et pas moi ?

Je me retourne et m'aperçois que Coralie Montaigne, la seconde assistante de Simplet, s'est glissée dans le bureau. Coconne, la seule, l'unique.

– Ingérant ?

– Ben, 12 euros de plus par mois, contre 600 euros, c'est ingérant, non ?

– Indécent. Oui, ça l'est. Cela dit, c'est assez logique, vous ne trouvez pas ?

Son air m'indique que non, elle ne trouve pas du tout.

Le raisonnement de notre DGS – Grand Chef Sioux pour les intimes – m'apparaît pourtant logique de son point de vue.

D'un côté, une armée de directeurs, tous reliés de près ou de loin à l'arbre généalogique du Don et capables de lui renvoyer l'ascenseur. De l'autre, une masse anonyme de salariés peu informés et sans relations. Pas besoin d'être bac + 6 pour deviner à qui Grand Chef Sioux attribuera l'intégralité du gâteau et à qui il refilera les quelques miettes sales.

– Il faut trouver un moyen de faire comprendre aux élus qu'une aumône de 12 euros n'est pas envisageable, reprend Michelle. Avec l'école que tu as faite, tu dois bien avoir une idée de ce qu'il faut faire ?

Je n'ai malheureusement pas appris grand-chose à l'ETA[1], une fois passé le plus difficile : le concours d'entrée. Et certainement pas comment convaincre des dirigeants de revaloriser les primes des catégories les moins élevées de la fonction publique.

– N'empêche, vous m'avez vachement manqué ! reprend Coconne. Je vous ai écrit mais la carte m'est revenue, se désole-t-elle en extirpant de son sac une enveloppe qu'elle me tend :

« Zoé Shepard. Dakar. Afrique. »

Je me demande bien sous quels fallacieux prétextes la Poste n'a pas acheminé ce courrier correctement.

– C'est une délicate attention qui me touche énormément. Je vais la lire au calme dans mon bureau. Du reste, à propos de bureau, quoi de neuf à la mairie ? Comment cela se fait-il que le Don ait été réélu ?

Michelle hausse les épaules, avant de répondre d'un ton las :

– Blâme la force de persuasion de sa cour et le scrutin de liste.

– Au vu des résultats, je suis à deux doigts de blâmer la démocratie.

– Savoir que Monique est désormais adjointe au maire ne devrait pas contribuer à renforcer ta foi républicaine.

– Monique ? De quel portefeuille a-t-elle hérité ? Téléphonie ?

– Presque ! Technologies de l'information et de la

1. École Territoriale d'Administration.

communication. Remarque, au moins, elle continue à nous dire « bonjour », elle…

Comme je ne dois pas avoir l'air suffisamment effondré à son goût, Michelle décide de me donner le coup de grâce :

– Fred Mayer est désormais le premier adjoint au maire, autant dire qu'il va récupérer tous les dossiers susceptibles de le faire voyager aux frais de la princesse. Hughes Roche a préféré démissionner.

L'un des rares élus intègre, efficace et avec lequel j'avais un vrai plaisir à bosser. Super.

– Et à la DIE ? Du nouveau ?

– Cyrille a quitté la fonction publique, mais vous devez le savoir, non ? répond Coconne.

Effectivement, notre dernière recrue m'avait envoyé un mail m'expliquant que, décidément, il ne se sentait pas capable de faire semblant de travailler toute sa vie et qu'il reprenait ses études. Je hoche la tête tandis que Coconne continue l'inventaire :

– Nous avons un nouveau directeur des relations internationales depuis août, M. Davies. Comme la coupe, mais avec un « e » ! La cinquantaine légèrement grisonnante, il porte des costumes très chics, m'informe-t-elle en jetant un regard consterné sur mon jean, avant de m'emboîter le pas, vibrante d'excitation.

– Mais encore ?

– Il revient jeudi de mission, il participe à un module de Relations Internationales au centre de gestion.

Au centre de gestion ? Pauvre de lui !

– Il me trouble énormément, ajoute-t-elle. Qu'est-ce qu'il est viril ! Et il est sur le chantier de la guerre.

– Le sentier, Coralie. Le sentier.

– Quoi ?

– Aucune importance. Donc M. Davies-comme-la-coupe-mais-avec-un-« e » revient jeudi et…

– Il a demandé à vérifier tous les anciens dossiers.

Eh bien, il ne va pas être déçu.

Jeudi 4 septembre

10 h 15

De toute évidence, le nouveau est un outsider, un vrai. Comme me l'explique Coconne qui a élu domicile dans mon bureau depuis mon retour, le nouveau directeur des relations internationales a expliqué dès son arrivée qu'il était là pour « être utile ». Il a même évoqué l'idée de « travailler ».

Comme si elle lisait dans mes pensées, Coconne finit son café et ajoute :

– Il va venir vous voir, du reste. Puisque vous avez le dossier Chine et que c'est pas en France, conclut-elle.

Effectivement, j'ai à peine le temps de charger Coconne d'une mission fantoche et d'étaler mes affaires sur mon bureau pour mimer le débordement, que le nouveau venu frappe à la porte de mon placard. Le vrai gentleman directement importé de Grande-Bretagne, avec imper Burberry, cravate Union Jack et air trop futé pour s'épanouir dans le service.

Il avise mes piles de dossiers d'un air impressionné.

Un débriefing ne sera vraiment pas du luxe.

– Mademoiselle Shepard ? Bonjour, je suis James Davies, le nouveau directeur en charge des relations internationales. Je n'ai pas encore eu l'occasion de faire votre connaissance et si vous avez un peu de temps à m'accorder... comme nous allons être amenés à travailler ensemble... puisque vous gérez le dossier Chine...

– ... et que c'est pas en France, dis-je d'un air mystérieux.

Il me lance un regard étrange et je décide d'expliquer :

– Je citais l'une de nos collègues, désolée. Que puis-je faire pour vous ?

– Plusieurs personnes m'ont chaudement recommandé de discuter avec vous. Il paraît que vous avez une vision très juste du fonctionnement du service, conclut-il, avec une nuance de respect dans la voix.

Tandis que je me demande qui diantre a pu lui recommander de discuter avec moi, le nouveau directeur se frotte le front pensivement. Son air déboussolé me pousse à lui demander :

– Ça va ?

– Oui, excusez-moi, je suis un peu perturbé. Comme après chaque entretien avec M. Baudet, m'explique-t-il. Je vais peut-être vous choquer, mais j'ai comme l'impression qu'il est un peu... rustique, non ?

De toute évidence, The Gentleman manie drôlement bien l'euphémisme. Qu'il ait cerné Simplet aussi vite est rassurant. Je viens peut-être de trouver un allié.

– C'est une manière élégante de présenter les choses, effectivement. Qu'est-ce qui vous fait aboutir à une telle conclusion ?

– Lorsque je suis arrivé, il m'a demandé de « bilaniser » mon activité dans la collectivité où j'étais précédemment, explique-t-il, manifestement dérouté.

Baptême du feu dès le premier jour, je ne peux que compatir.

– M. Baudet utilise beaucoup de néologismes...

– Je suppose que je m'y habituerai, marmonne-t-il.

Probablement pas, si vous êtes doté d'un cerveau en état de marche.

Je hausse les épaules et tente un vague :

– Sans doute.

– Lorsque je lui ai parlé, il avait une expression bizarre, m'explique The Gentleman, un peu ébranlé.

– Bizarre ?

Je peux me prévaloir d'une certaine expertise en matière d'expressions chez celui qui se présente comme mon chef.

Privilège dont je me passerais bien.

The Gentleman fronce les sourcils, avant de se composer un regard d'une vacuité peu commune, d'entrouvrir la bouche, un filet de bave prêt à tomber sur la table, et de serrer le poing convulsivement autour d'un BlackBerry imaginaire.

Je reconnais immédiatement les symptômes.

– C'est son expression normale lorsque, en réunion, un participant utilise un mot de plus de trois syllabes.

The Gentleman secoue la tête d'un air atterré :

– Il est là depuis longtemps ?

Je fais basculer ma chaise contre le mur et invite le nouveau directeur à s'asseoir pour lui conter la genèse de l'arrivée de Simplet dans ce service et le glissement de l'aimable médiocrité ordinaire en effroyable nullité.

– Il y a de cela fort longtemps, la DIE s'appelait l'AIE, les Affaires Internationales et Européennes, et était dirigée par M. Dupuy-Camet dont vous avez dû entendre parler. Le service fonctionnait au ralenti, mais fonctionnait : accueil de délégations étrangères, coopérations autour de quelques axes, principalement l'automobile et l'agriculture, et organisation de conférences sur la politique de l'Union européenne. Puis M. Baudet est arrivé. Nous ne faisions déjà pas grand-chose, mais aujourd'hui nous ne faisons plus rien, à part organiser les vacances des élus aux frais de la collectivité.

– C'est terrible...

The Gentleman enchaîne avec difficulté :

– Vous avez entendu parler des Assises de la coopération décentralisée et du développement durable ?

– Dans la presse, oui.

– Pourriez-vous rédiger une note de présentation pour que je la transmette à la conseillère technique, Alix, je crois ? Elle est très sûre d'elle, non ?

L'âme damnée de Simplet.

Même en multipliant les euphémismes, je n'ai que peu de possibilités de présenter le duo infernal autrement que comme l'une des dix plaies d'Égypte.

Évidemment, je n'ai pas dit ça. À la place, je me suis entendu répondre que la note serait sur son bureau en milieu de journée et que oui, j'étais partante pour l'accompagner à une réunion de première importance organisée par Alix la semaine suivante. Ravie, même.

– Au fait, j'ai un téléphone de fonction, m'informe-t-il en exhibant un portable si imposant que la mairie a dû l'acheter lorsque le franc avait encore cours. Voilà le numéro, ajoute-t-il en me tendant sa carte.

Le talkie-walkie qu'exhibe The Gentleman m'apprend donc que l'ancienne directrice n'a rien trouvé de plus professionnel que de se barrer en emportant son portable et que le nouveau directeur des relations internationales ne fait pas partie du cercle « donesque », sinon il serait en possession du nouveau BlackBerry Bold.

Il est donc tout à fait possible qu'il soit compétent.

Mardi 9 septembre

14 h 55

Rien de tel pour se remettre dans le bain qu'une grande réunion pilotée par l'infâme duo pour le moment « retenu en déjeuner d'affaires », comme nous en a informés Michelle vingt-cinq minutes plus tôt.

– Ils sont arrivés ! Vous êtes prête pour la réunion ? me demande notre nouveau directeur qui sort de son bureau avec un épais dossier.

80 % des réunions ont pour principal, voire pour unique objectif, de permettre à l'ahuri qui les dirige de s'écouter parler, la proportion atteignant largement 100 % lorsque ledit ahuri n'est autre que Simplet, qui pratique l'autosatisfaction avec un naturel déconcertant.

Je sais hocher la tête en souriant bêtement. Je suis donc parfaitement prête.

J'entre dans le bureau et réalise que la grande réunion sur la politique internationale de la Ville ne compte que quatre personnes.

– Je n'ai jamais été aussi stressé, nous accueille Simplet en soupirant lourdement.

Je me demande bien pourquoi. Si Simplet, dont le cerveau poussif n'est perturbé que par de pseudo-réunions et des tapotages de BlackBerry, a des motifs d'être stressé, le reste de la population active va immédiatement réclamer d'être mis sous anxiolytiques.

Alix s'est de toute évidence levée du mauvais côté du cercueil et commence à aboyer :

– Bon, c'est quoi ces Assises ? Pourquoi n'ai-je pas été informée plus tôt ?

Probablement parce que l'être tremblotant de trouille à ses côtés n'a pas jugé utile de lui transmettre ma note sur la tenue prochaine d'une pseudo-grand-messe intellectuelle où une poignée de pros du verbiage vont multiplier les contresens sur un sujet à la mode.

Je pousse une copie de ma note vers elle en prenant soin de vite retirer ma main.

– Je n'ai pas le temps de lire ça, rugit-elle. Quel est le thème de ce truc ?

Scrapbooking et macramé, ma chérie.

– Comme son nom l'indique, « Coopération décentralisée et développement durable ».

– Intéressant, juge Alix qui vient de découvrir que ce prétexte en or pour voyager aux frais de la ville se déroulerait au Kenya.

Mis en confiance, Simplet se décide à intervenir :

– Il y a un atelier sur la solidarité climatique et un autre sur le « processus de labellisation “indication géographique protégée”, gage de développement durable ». C'est au cœur de notre démarche...

Autrement dit, la version territoriale des chevaliers paysans de l'an Mil autour du lac de Paladru. C'est incroyable comme n'importe quel thème vaseux peut s'avérer à la mode dès lors qu'on y adosse l'expression « développement durable », « écocitoyenneté » ou « solidarité », le jackpot étant un thème réussissant le tour de force de réunir les trois expressions.

– Notre présence sur place est évidemment in-dis-pen-sable, décrète brusquement Alix. De quoi aurions-nous l'air si nous n'assistions pas à un sommet extrêmement prometteur sur les dernières avancées en matière de *sustainable development* ? Tu es d'accord, Nicolas ?

– Évidemment ! opine Simplet. Ce colloque va être tellement enrichissant !

Pour Air France et les hôtels Accor, je n'en doute pas.

– Zoé, tu m'appelles Max lundi et tu le mets au jus, ordonne Alix. Il doit briefer les élus asap.

C'est si gentiment demandé.

– Tu vas me préparer une dizaine de slides pour que je présente les Assises aux élus. Ta note est sinistre ! Je veux des bullet points, des animations, et utilise notre nouvelle charte graphique ! C'est vraiment à se demander à quoi t'ont servi tes études, déplore-t-elle.

Simplet en remet une couche :

– Allez, file, il y a urgence, là !

Je hoche la tête avec déférence et m'éclipse en cachant ma joie, sous le regard ravi d'Alix, persuadée d'être enfin arrivée à me dompter.

Lundi 15 septembre

9 heures

J'entre dans mon bureau et me laisse lourdement tomber sur mon siège, avant d'attraper le téléphone et de composer le numéro de Max à qui j'ai dû laisser une douzaine de messages depuis mardi. Son surnom dans la boutique ? Communicator.

Désireux de présenter l'image d'un élu jeune d'esprit, le Don a décidé de jouer la carte de la diversité en recrutant un attaché de presse spécialiste du secteur de la culture : Communicator tient un blog mode et reçoit régulièrement des invitations à divers défilés.

La caution de l'ouverture d'esprit de notre élu a rapidement montré des capacités d'adaptation hors du commun. À peine arrivé, il a revêtu la tenue de camouflage la plus efficace qui soit lorsqu'on aspire à être un valeureux Courtisan : l'arrogance mâtinée de fainéantise. Il s'est immédiatement mis en quête de faire-valoir et, au terme d'un ratissage particulièrement profond dans la médiocrité, a dégoté deux poussahs qu'il a pris grand soin de costumer, cravater et bluetoother afin de s'assurer leur allégeance. Si la fonction présumée du premier reste encore à définir – brancheur professionnel d'ordinateur dans une prise ? spécialiste du hochement de tête ? –, le second explique à qui veut l'entendre qu'il est photographe professionnel reconnu, même si je doute que les poignants clichés de Communicator posant devant le parterre de marguerites de la mairie lui valent un jour le World Press Photo Award.

Que Communicator ne soit pas plus titulaire d'un diplôme d'attaché de presse ou de journalisme que moi n'entrave nullement l'enthousiasme du Don qui, du plus loin qu'il aperçoive ce qui ressemble à une caméra, passe un bras paternaliste autour des épaules de son nouveau poulain avant de déclamer avec emphase, la tête légèrement tordue en direction des micros : « Mon nouvel attaché de presse est comme mon fils spirituel. »

Notre Parrain attend généralement que Fiston soit un peu plus loin pour préciser que ses « vrais enfants » n'ont pas des passions de tarlouzes, eux. Ils s'intéressent aux bagnoles et à la chasse, des trucs de mecs, quoi.

Après vingt minutes passées à batailler avec une meute de crétins se présentant comme le *staff personnel de Monsieur l'Attaché de Presse du Maire*, je finis par être mise en relation avec Communicator.

– Je suis très pressé, aboie-t-il avant que je n'aie eu le temps de me présenter.

La courtoisie française à l'œuvre.

– J'en suis fort contrite.

– Hein ?

Inculte, en plus.

– Je suis Zoé Shepard, de la DIE…

– Alors, c'est vous, me coupe-t-il.

Je n'ai de toute façon pas le temps de démentir qu'il commence à ânonner la phrase que j'ai passé dix bonnes minutes à dicter à son assistant :

– C'est vous qui avez inondé ma boîte vocale de messages et qui pensez qu'il serait opportun que je parle aux élus de ces Assises ?

– Exactement.

Je l'entends souffler.

– Depuis quand les services se permettent-ils de nous dire ce qu'il est *opportun* de faire ?

Bah, probablement depuis que ce génie de la communication a organisé une conférence de presse devant quatre-vingts personnes, en oubliant simplement de convier la presse.

– Je n'ai pas à suivre vos suggestions, les services ne sont que le bras armé de monsieur le maire.

Je réfrène la repartie qui me brûle les lèvres, avant d'enchaîner :

– Et je conçois parfaitement qu'un bras ne puisse pas donner d'ordre à un cerveau. Mais quand même, si le cortex de la collectivité pouvait de lui-même comprendre qu'il serait utile que les élus soient informés de la tenue de ces Assises, ce serait un plus certain.

Silence de mort de l'autre côté du combiné.

Lundi 15 septembre

Le problème des métaphores, c'est qu'elles nécessitent une interprétation.

– Vous ne seriez pas en train de vous moquer de moi, par hasard ? s'indigne Communicator, faisant par là même preuve d'une lucidité dont je le pensais bien incapable.

Je me confonds en dénégations :

– En tant que bras, loin de moi l'idée de me moquer du cerveau de notre noble institution. Mais quand même…

– Je préfère ça. Écoutez, il est hors de question que j'aborde le sujet avec lui cette semaine. Il a une importante conférence de presse qui sera retransmise mercredi prochain à la télévision, conclut-il avant de me raccrocher au nez.

La conférence de presse ! Comment ai-je pu oublier ?

Cette nouvelle inespérée a pourtant mis en émoi les membres du Cabinet – le Gang des Chiottards – qui ne peuvent s'empêcher d'en faire part au ban et à l'arrière-ban. Depuis plus de quinze jours, Communicator coache le Don et l'abreuve de conseils avec la décontraction d'un vieux routard de la télévision. Il choisit généralement le moment le moins opportun pour dégainer une cravate et la placer devant le maire en lui assurant que, vraiment, le rouge, c'est sa couleur.

Au grand agacement de son élève qui, s'il se sentait flatté de faire l'objet d'une telle attention les quinze premiers jours, commence à sentir poindre l'angoisse à l'idée de ne rien avoir à dire, une fois engoncé dans son costume bleu marine Hugo Boss – « Monsieur le maire, ce costume, c'est le chic décontracté, la classe sans l'aspect triste du noir, c'est tout vous ou je ne suis plus attaché de presse » – et sa collection complète de cravates cramoisies.

Dès lors qu'il se risque à demander « des éléments de discours », soit une poignée de chiffres et de réalisations à pouvoir ressortir au moment adéquat, Communicator, qui passe plus de temps aux Galeries Lafayette à dénicher des déguisements pour le maire qu'à tenter de lui rédiger un projet de discours digne de ce nom, balaye ses craintes : « Si nous voulons que vous ayez l'air spontané, mieux vaut que vous découvriez votre texte le plus tard possible. »

Jeudi 18 septembre

10 h 30

– Je veux une tenue qui dise « cette femme est compétente, nous avons beaucoup de chance de la compter parmi nous », m'explique Coconne en débarquant avec trois sacs remplis de vêtements qu'elle déverse sur mon bureau.

The Gentleman arrive et extrait du tas un chiffon rose à dentelles :

– Loin de moi l'idée de m'autoproclamer docteur ès sémiotique du vêtement, mais je doute que « compétente » soit le premier adjectif suggéré par cette robe. Que se passe-t-il ici ?

– Il m'arrive quelque chose de génial, s'enthousiasme Coconne. J'ai été officiellement invitée à la conférence de presse du maire. Je vais passer à la télé ! glousse-t-elle en secouant un bristol coloré la conviant à la mascarade télévisée du Don.

L'aura de notre maire n'étant pas planétaire, le Gang

des Chiottards a envoyé à tous les agents des cartons d'invitation les priant d'assister à la conférence de presse pour que les prises de vue du public ne laissent pas apparaître une salle déserte. Coconne prend sa nouvelle vocation de figurante très au sérieux.

– Et cette jupe ? Vous en pensez quoi, Zoé ?

– Pas terrible. Elle hurle : « J'arrondis mes fins de mois en vendant mes charmes à des hommes moins riches que je ne le voudrais. »

– Ou « je suis fan de Lady Gaga », enchaîne The Gentleman, avant d'aviser nos airs étonnés et de compléter hâtivement : « J'ai deux adolescentes à la maison. »

– J'aurais bien opté pour ce carrot pant, mais il me grossit, vous ne trouvez pas ? minaude notre apprentie mannequin.

– C'est ça, c'est ça, soupire la nouvelle recrue qui se tourne vers moi, et, apercevant *Le Canard enchaîné*, étalé sur mon clavier d'ordinateur demande : Vous êtes occupée ?

– Je prends du recul par rapport à mon travail.

– Prenez garde, vous en avez déjà tellement peu que vous risquez de ne plus le voir.

– Je n'arrive pas à avoir au téléphone la Volontaire Internationale en Entreprise que nous avons recrutée l'année dernière pour notre antenne chinoise. D'après notre partenaire sur place, elle aurait des difficultés d'adaptation et ne se donnerait plus la peine de venir travailler.

– Vraiment ? Mais sur quelles bases a-t-elle été recrutée ?

– Son carnet d'adresses, extrêmement rempli.

– Vous avez assisté à son entretien d'embauche ? Elle n'avait pas l'air compétente ?

Il n'y avait pas franchement besoin de la soumettre au jugement divin pour savoir qu'elle allait être nulle.

– Pas vraiment. Alix l'a recrutée parce que c'était une amie de sa sœur, je crois.

– Pourquoi Alix ? Elle travaille au Cabinet, elle n'a pas à s'ingérer dans les procédures de recrutement. Elle n'appartient pas à la DIE et pourtant j'ai l'impression qu'elle dirige autant ce service que M. Baudet, ils sont toujours collés ensemble !

Alix et Simplet, c'est comme une mycose sur un pied humide nu dans une basket : une longue histoire.

– La DIE est la chambre d'enregistrement du Cabinet, vous savez.

– Il y a vraiment un problème dans cette mairie...

– Si j'achète une culotte ventre plat et que j'évite les desserts jusqu'à vendredi, intervient Coconne, je pourrai sans doute enfin rentrer dans ce tailleur très Ally McBeal.

– De vrais problèmes.

Vendredi 26 septembre

17 h 45

Communicator ne mentait pas en affirmant que le Don découvrirait son discours « le plus tard possible », si j'en crois l'air furibond de notre nouvelle star. À un quart d'heure de son entrée en scène, il secoue deux feuillets anorexiques sur lesquels se battent en duel trois chiffres et deux paragraphes.

– C'est important que les éléments de langage soient a-é-rés, précise l'attaché de presse en détachant chaque syllabe avec emphase. Comme ça, vous ne confondrez pas les différents points techniques entre eux.

Lesquels ?

Simplet décide d'en remettre une couche :

– Je suis sûr que tout va très bien se passer, bêle-t-il.

Le Don prend une large inspiration, manifestement prêt à exploser, et je me surprends à espérer des dommages collatéraux.

Simplet et Communicator virés avec perte et fracas, par exemple.

Mes rêves sont tragiquement réduits à néant par l'arrivée du journaliste, une espèce d'immense asperge dyspeptique avec des yeux que le vautour le plus exercé ne renierait pas. Il respire l'intelligence et la rigueur.

Soit deux qualités que le Don et son aréopage de nases sont loin d'avoir.

– Monsieur le maire, il faut y aller.

Alors qu'il commence à cavaler aux côtés du Don, Simplet arbore un air malade de jalousie rentrée en avisant Communicator judicieusement placé derrière le grand homme et donc dans le champ de la caméra, pendant qu'Alix tente vainement de se serrer contre le poussah photographe, dans le secret espoir qu'on aperçoive sa tête de jument à l'écran. Malheureusement pour sa carrière d'actrice, le deuxième poussah se place devant elle et, la mort dans l'âme, elle se résout à s'installer à côté de Simplet et moi.

– Tu es revenue de chez les nègres ?

The Gentleman déglutit nerveusement avant de chuchoter :

– Qui est ce chantre de la tolérance ?

– Fred Mayer.

– L'élu en charge du protocole qui récupère tous les dossiers « Affaires internationales » ?

Le seul et unique.

Fred-les-mains-baladeuses est au service public ce que l'herpès est à l'être humain. Une nuisance dont il est quasiment impossible de se débarrasser une fois qu'il est dans la place. Un virus qui aurait atteint son Graal, à savoir se faire payer par le contribuable des vacances où il veut, quand il veut.

– Je viens de vivre l'enfer, nous informe notre élu en s'effondrant sur une chaise. Je hais le terrain ! Je ne comprends même pas pourquoi je suis obligé de me fader tous ces cons maintenant que nous avons remporté les élections, conclut-il.

Parce que « tous ces cons » financent tes caprices ?

– Et tous leurs « Monsieur Mayer, je suis ravi de vous voir et blablabla », non mais, tu le crois ça ? me demande-t-il.

Pour être honnête, j'ai énormément de mal à admettre que des gens sains d'esprit puissent être ravis de voir Fred. Mais je sais aussi que mon élu a toujours réussi à cacher que, pour lui, la politique n'était pas une fin en soi, mais le moyen de disposer d'argent et d'esclaves consentants avec lesquels il peut faire ce que bon lui semble. Odieux avec ses agents, il a vite compris l'importance de se montrer dégoulinant d'empathie avec les citoyens à qui il promet d'offrir des perles de pluie venues de pays où il ne pleut pas. Votez pour moi, je m'occupe de tout.

Sur le mur de son bureau, soigneusement photoshopés, le Don, Fred et toute la clique affichent le sourire carnassier des winners : ces forces de la nature qui s'engagent à diminuer les impôts locaux tout en continuant à investir toujours plus ! Ces surhommes qui tiennent des permanences régulières pour être proches de leurs concitoyens !

– Ça commence, ça commence ! s'excite Simplet.

– Monsieur le maire, bonjour, nous n'avons que peu de temps, donc je vais entrer directement dans le vif du sujet, commence le journaliste. L'audit commandé par l'opposition a révélé que le chiffre de l'absentéisme s'élevait à 21 000 jours par an, soit l'équivalent de 90 emplois à l'année. Avez-vous une explication à ce chiffre ?

Devant nous, Fred hausse les épaules. À ses heures perdues, notre premier adjoint est aussi député, alors ce ne sont pas trente jours annuels d'absence par personne qui vont lui faire peur.

Le Don commence à ouvrir convulsivement la bouche comme une truite hors de l'eau, probablement pour amorcer la pompe du génie rhétorique.

– J'ai entièrement confiance en mes agents, bredouille-t-il. Je les remercie du travail qu'ils mènent, chaque jour, au service de nos concitoyens et de notre belle ville.

– C'est à ça qu'on reconnaît un grand élu, me chuchote Alix à l'oreille.

– Son aveuglement sans limites ?

Elle me foudroie du regard.

– Le fait qu'il réfléchisse longuement avant de répondre et qu'il soutienne ses agents, rétorque-t-elle pendant que Simplet opine gravement du bonnet. Il me fait de plus en plus penser à François Mitterrand, ajoute-t-elle d'un air rêveur.

Fini à l'huile de foie de morue, alors.

– Je travaille en équipe avec des personnes de valeur, se croit obligé de rajouter le Don.

La brochette de personnes de valeur n'a pas le temps de se rengorger que le journaliste passe à l'attaque :

– Vous avez à plusieurs reprises indiqué que vous vous considériez comme un maire soucieux de l'écologie. Il est prouvé que pour réussir un transfert modal de la route sur le rail, la taxe poids lourds est une solution efficace. Pensez-vous que ce soit suffisant ?

Je crois qu'il y a comme un léger souci d'interprétation des déclarations du Don.

Lorsqu'il se proclame « soucieux de l'écologie », cela signifie simplement qu'il demande à sa femme de ménage de trier ses ordures et, parfois, quand il y pense, il ferme l'eau du robinet en se brossant les dents. Mais en déduire qu'il a une opinion sur le fond me semble relever de l'imagination la plus fertile.

Le Don déglutit avec difficulté. Avec sa cravate vermillon et son costume bleu, il commence à prendre une allure très patriotique.

– Ça se discute, chevrote-t-il.

– C'est très vrai, apprécie Simplet en expert tolérant. C'est une bonne réponse ! Quelle ouverture d'esprit.

Le journaliste a parfaitement saisi l'ampleur des dégâts et dissimule à grand peine un sourire narquois.

– À propos de ce même développement durable qui vous est si cher, je n'ai pas vu votre nom sur la liste des participants aux Assises de la coopération décentralisée et du développement durable, et je ne peux que m'en étonner, sachant que vous portez un intérêt tout particulier aux relations que la ville entretient avec d'autres collectivités internationales. Est-ce un oubli des organisateurs ?

Pendant les campagnes électorales, les candidats rivalisent d'engagements : le Don n'a donc rien trouvé de mieux que de chanter les louanges des coopérations que sa collectivité entretenait avec des pays du monde entier. Il s'est montré si enthousiaste que l'intégralité de ses propos – fautes de français incluses – a été reprise par la plupart des journaux locaux.

Le Don écarquille les yeux.

– Oui, c'est un oubli. J'ai bien évidemment l'intention de participer activement à ces Assises de la collaboration déconcentrée qui sont...

– Capitales pour la ville ! Je crois qu'on a compris, l'interrompt le journaliste.

– Merci de votre présence, je vous donne rendez-vous en mairie très vite, enchaîne Communicator.

Le Don n'a pas le temps de descendre de l'estrade que Simplet le rejoint et démarre son numéro de lèche :

– Monsieur le maire, je dois avouer que je suis honoré d'avoir pu être le témoin d'une interview de cette qualité.

– Ben, vous êtes pas difficile, éructe le Don dans un éclair de lucidité. Je veux vous voir mercredi sans faute dans mon bureau avec votre équipe ! exige-t-il, avant de dénouer sa cravate rageusement, d'en faire une boule et de la lancer à la tête de Communicator. La prochaine fois, je veux des éléments de discours solides, c'est clair ?

Je commence à me demander si le Don ne serait finalement pas récupérable.

– Monsieur le maire...

– Quoi encore ?

– Les caméras sont sur le parvis, ce serait vraiment tendance qu'il y ait une prise de vue de vous à vélo, persiste le Gourou.

Deux conseillers du Gang le hissent sur une bicyclette. Le vélo péniblement enfourché, il manque de s'étaler par terre dès le premier tour de roue : le grand écolo devant l'Éternel n'a de toute évidence jamais dépassé le stade du tricycle.

– Faut prendre une photo, là ! s'égosille Alix, pendant que parmi les autres braves âmes du service, j'attends avec impatience que le Don tombe sur l'un des membres du Gang des Chiottards qui court à ses côtés, façon escorte présidentielle du pauvre.

– On a vraiment de la chance, se moque The Gentleman alors que le Don négocie un virage comme il peut, avant de disparaître de notre champ visuel et de sauter dans le taxi qui l'attend quelques mètres plus loin.

C'est vrai. Plus, ce serait trop.

Octobre

Won't get fooled again

On devient parfois bizarre, en vieillissant, et l'on se raccroche aux lubies les plus aberrantes.

Patrick Süskind,
Le Parfum

Mercredi 1er octobre

13 h 55

The Gentleman et moi retrouvons Simplet affalé comme une méduse devant le bureau du Don. Il se lève avec difficulté et se frotte les reins en grimaçant. De toute évidence, il bivouaque depuis pas mal de temps dans le couloir.

– Je voulais être sûr de ne pas louper ce rendez-vous avec monsieur le maire, se croit-il obligé d'expliquer. J'ai un nouveau Bluetooth, j'étais donc parfaitement joignable, conclut-il en agitant une oreillette en plastique fluo.

– La réunion est fixée à 14 heures, tente The Gentleman.

Avant que Simplet ait pu rétorquer, l'un des sbires du Don nous fait signe d'entrer. Calé dans son fauteuil en cuir, son inévitable verre de scotch à la main, le Don arbore une attelle au poignet gauche, souvenir de ses acrobaties cyclistes, et resserre sa cravate avant de nous jeter un regard passablement ennuyé.

– L'électricité a encore sauté, c'est inacceptable ! EDF va m'entendre !

– Monsieur le maire, je suis enchanté d'avoir la possibilité de vous rencontrer, commence The Gentleman.

– Oui, oui, c'est ça… Vous avez de l'électricité à votre étage ?

Si le Don daignait sortir de son bureau, il réaliserait qu'il n'est pas le seul à être privé de courant : les réunions entre syndicats et administration concernant l'attribution des primes se heurtant à un mur, les agents ont riposté par une série de micro-grèves particulièrement efficaces depuis que l'agent en charge de l'électricité du bâtiment s'est rallié à leur cause. Si Grand Chef Sioux et le Gang arrivent régulièrement à lui cacher la présence d'une centaine d'agents armés de banderoles assis dans le hall de la mairie, il leur est plus difficile d'expliquer ces coupures à répétition.

Car l'une des grandes spécialités de la Cour du Don est de lui faire croire qu'il est à la tête d'un havre de paix performant où il fait bon travailler. Les laquais ne sont pas les seuls à blâmer : cet improbable Truman Show n'est possible que grâce à la capacité d'aveuglement peu commune de notre maire. Seule l'impossibilité d'accéder au forum de son club de pêche serait susceptible de lui rendre la vue.

– Mais qu'est-ce qui m'a pris de dire que je voulais développer les partenariats avec l'étranger ? commence-t-il à geindre.

Si la réponse à cette question est plutôt simple – l'envie de remporter les élections –, elle n'est pas diplomatiquement très porteuse pour ma carrière déjà boiteuse. Je reste muette pendant que Simplet opte pour la stratégie du locked-in syndrome. Lorsque Alix n'est pas là, il est tétanisé par la crainte, on ne peut plus légitime, de dire une ânerie.

Pendant que The Gentleman s'attache à décrire consciencieusement les coopérations de la ville avec des collectivités étrangères, le Don a de plus en plus de mal à cacher son ennui. Dans un bâillement à peine contenu, il demande :

– C'est quoi cette histoire d'Assises dont parlait le journaliste ?

– Un événement formidable auquel nous devons absolument participer, monsieur le maire, répond Simplet.

– Mais on a de quoi y aller ? Je veux dire : on fait des choses à l'étranger pour le développement durable ?

Sous nos yeux effarés, notre patron commence à se répandre en superlatifs pour décrire l'action d'une collectivité extrêmement impliquée dans ce domaine.

The Gentleman le regarde avec une incrédulité de plus en plus marquée au fur et à mesure que Simplet, en proie à une pulsion mythomane incontrôlable, se lance dans un monologue délirant.

The Gentleman est livide et je peine à retenir un fou rire nerveux en me souvenant de notre dernière mission : devant trois stagiaires neurasthéniques de l'ambassade espagnole, nous avions inauguré une plaque minable et je soupçonne les autorités de l'avoir dévissée, notre avion à peine envolé. Impérial, Simplet s'enfonce dans son siège avec satisfaction et attend le verdict.

Après avoir consulté son agenda et passé quelques coups de téléphone onomatopéiques, le Don annonce solennellement :

– Je n'avais pas idée de tout ce que nous avions accompli ! Très bien ! Dans ce cas, je vais y aller.

Si cette nouvelle est loin de me plonger dans une impatience fiévreuse, Simplet, les yeux écarquillés, commence à battre des mains, surexcité comme un gamin devant un spectacle de marionnettes.

Avec le Don dans le rôle de Guignol.

– Mais c'est fantastique, monsieur le maire, bêle-t-il d'extase pendant que le Don, qui n'en attendait pas tant, se tourne vers lui, navré par l'obséquiosité de son valet.

– Oui, enfin, bon, grommelle-t-il d'un ton peu amène. Ce ne sont que des Assises.

– Mais votre venue est un signe politique fort, proteste Simplet.

– Ça me donnera surtout l'occasion de visiter le Kenya ! On voyage en classe affaires au moins ?

– Bien sûr, monsieur le maire.

– Parfait ! J'en suis !

15 h 10

À peine sortis du bureau du Don, Fred surgit de nulle part et nous conduit manu militari dans le sien. Il se lance dans une critique en règle du Grand Homme, qui n'a décidément pas l'étoffe d'un chef, n'est ni un visionnaire ni un homme de terrain et se complaît dans la vaine promesse, contrairement à lui, Fred, l'homme de parole, ami du peuple.

Les rivalités au sein d'une meute sont les pires.

– Le maire manque d'ambition, nous explique l'éternel mâle bêta. Il ne comprend pas que nous avons là une occasion inespérée de laisser une trace durable dans l'Histoire.

The Gentleman hausse un sourcil circonspect :

– C'est-à-dire ?

– L'un des axes de la campagne était le développement durable. Le reste relève de l'évidence, annonce Fred qui, devant nos airs peu convaincus, se résout à développer : Évidemment que nous allons participer aux Assises de la coopération décentralisée, mais pas comme intervenants lambda ! Nous allons être les chefs de file de cet événement et je peux vous garantir qu'on se souviendra de nous !

Je n'en doute pas une seconde.

– Mais aucune de nos coopérations n'est axée sur le développement durable, objecte The Gentleman.

Cet argument n'ébranle nullement notre potentat local en quête d'éternité qui lève les yeux au ciel devant l'étroitesse d'esprit de son nouvel exécutant, pendant qu'à nos côtés, Simplet s'insurge :

– Au contraire ! s'exalte-t-il. Nos actions sont Worldwide, le développement durable, c'est Worldwide, la planète, c'est Worldwide. Et le développement durable, c'est l'avenir !

Il s'arrête une seconde avant de conclure :

– Avant l'avenir, c'était mieux.

Cette tirade a revigoré Fred comme une semaine à la montagne :

– Voilà ce que j'aime entendre ! Puisque notre mairie sera à l'avant-garde et pilotera ces Assises, il faut que nous soyons sur tous les fronts. J'ai du reste appelé le consul qui m'a dit qu'il allait y réfléchir. Cela me semble donc parfaitement bien engagé.

C'est à ça qu'on reconnaît un véritable diplomate : sa faculté de ne pas éclater de rire en écoutant ce discours mégalomane. La vérité, c'est que le consul a dû ordonner à sa secrétaire de ne plus jamais lui passer les appels de ce dingue.

– Pour le calibrage, il faut que ce soit grandiose.

– Grandiose ? me chuchote The Gentleman à l'oreille.

Grandiose : terme employé pour désigner le caractère d'une sauterie inutile financée sur les deniers publics.

– Je... enfin, le maire et moi serons à la tête d'une délégation d'importance : le préfet, les dirigeants d'un maximum de collectivités – et tapez haut, surtout, départements, régions et grandes villes... les cambrousses, très peu pour moi – et évidemment tous les entrepreneurs de la ville... non, de la région, tous les organismes de coopération internationale, des principales associations et la chambre de commerce et d'industrie seront conviés... et je veux des universitaires... et des journalistes, cela va de soi. Beaucoup de journalistes. C'est clair ?

Limpide.

– Zoé, tu as le numéro de Matignon ?

Non, comme je me le disais encore hier, ça fait un bout de temps que le Premier ministre ne m'a pas envoyé de texto. Le rustre.

– Il faut contacter son plus proche collaborateur dès que possible... C'est une gonzesse à l'environnement, non ? Tiens, voilà un numéro.

Simplet attrape le post-it comme s'il s'agissait du saint chrême. Tétanisé à l'idée qu'on lui demande d'appeler lui-même, The Gentleman opère un repli discret vers la porte. Je le comprends : aucun agent administratif n'a connu la honte professionnelle tant qu'il n'a pas été forcé d'appeler le secrétariat du Premier ministre pour annoncer que son élu voulait codiriger un dossier avec ce dernier.

– Quand Matignon va savoir ça !, s'enthousiasme Fred, oublieux de nos airs catastrophés. Ils sont très *pushy* sur ce type d'événement. Une telle initiative ne pourra que les réjouir, même si je soupçonne qu'ils seront jaloux de ne pas y avoir pensé avant moi !

Est heureux qui s'y croit.

Lundi 6 octobre

10 heures

Depuis l'annonce de la participation du Don à la grande mission Worldwide, Simplet fait le tour des bureaux pour porter la bonne nouvelle. Il finit par arriver dans le mien ce matin.

– Je n'ai pas arrêté d'y penser tout le week-end, m'apprend-il gravement. Tu réalises que le maire va nous accompagner ?

– J'ai encore du mal, je vous avoue.

– Je suis tellement excité ! commence-t-il à s'agiter. Il faut que notre participation crée un buzz !

Un buzz ? Mais diffuser dans la presse le budget de la DIE en créerait un de première catégorie !

– Je pense embaucher une personne-ressources pour améliorer notre communication, continue-t-il.

– Vraiment ? Qu'avez-vous à l'esprit ? demande The Gentleman, qui vient de débarquer dans ma cage en me tendant le budget prévisionnel.

À l'esprit ? Parle-t-il du demi-dé à coudre de matière grise qu'on trouverait éventuellement en forant un puits dans son crâne ?

– Une spécialiste de la com qui s'occuperait de promouvoir cette mission auprès du grand public.

Comme si les gens n'avaient pas déjà assez de problèmes…

– Mais Max n'est-il pas le chargé de communication de toute la mairie ? demande The Gentleman, intrigué.

Certes, mais Max est persuadé qu'accrocher une cravate

rouge vif autour du cou gras du Don va le rendre capable de répondre avec pertinence à une série de questions pointues.

Simplet lève les yeux au ciel devant tant d'incompréhension.

– Il faut créer du lien et se comiter full time dessus. Nous devons avoir une vision proactive de ce dossier ! Et nous devons embaucher des ressources supplémentaires ! Il n'y a pas à dire, je suis vraiment le manager de l'avenir, se félicite Simplet, avant de quitter mon bureau.

Je vais finir par croire que notre directeur a raison : avant l'avenir, c'était vraiment mieux.

10 h 45

Avoir appris que Simplet souhaitait ajouter une personne inutile de plus à notre fine équipe a sérieusement ébranlé The Gentleman qui pianote nerveusement sur le dossier « Chine » posé sur mon bureau.

– Nous sommes déjà en sureffectif... Vous croyez vraiment qu'il va réussir à embaucher quelqu'un ?

Je ne le crois pas, j'en suis sûre. Les doublons dans l'organigramme sont une spécialité maison. Bizarrement, lorsqu'un copain du Don l'appelle pour caser son rejeton, un brillant élément couvert de diplômes – si tant est que le cinquante mètres nage libre un verre de Ricard à la main soit considéré comme un diplôme –, il est rare que ledit rejeton se retrouve au bas de la grille indiciaire. En règle générale, comme touché par la grâce administrative, il se pose directement au grade de chargé de mission – pour celui qui a triplé sans l'avoir son BEP – et à celui de directeur pour tous les autres.

Le problème est que la plupart des tâches administratives, pour être accomplies, requièrent malgré tout une certaine compétence.

Il faut donc embaucher une autre personne. Sa mission ? S'acquitter du boulot que la première est incapable de faire. Par conséquent, notre organigramme ressemble à s'y méprendre à une armée mexicaine décadente, sorte de pyramide inversée sur la tête.

Les jours où je veux vraiment voir la vie du bon côté, je me dis que placer deux agents pour un unique poste permet de réduire significativement le chômage. Le reste du temps, voir un tel gâchis des deniers publics me navre.

– Attendez, m'interrompt The Gentleman. Sous chaque poste, il n'y a qu'un nom. Votre théorie ne tient pas !

J'étale l'organigramme devant lui et commence à pointer l'incroyable enchevêtrement de grades des dirigeants de la mairie : chef de service, directeur adjoint – à ne pas confondre avec sous-directeur qui vient juste au-dessus –, directeur, directeur principal, directeur de pôle, directeur général adjoint, et au sommet, directeur général des services et secrétaire général.

– Directeur général des services *et* secrétaire général ? Mais c'est impossible ! remarque The Gentleman.

Ce serait mal connaître notre belle mairie.

Il y a quelques années, les instituteurs sont devenus professeurs des écoles et les secrétaires généraux de mairie, directeurs généraux des services. Personne n'imaginerait une classe où l'enseignement serait assuré par un professeur des écoles *et* un instituteur. Eh bien nous, nous cumulons un directeur général des services et une secrétaire générale. Qui occasionnellement couchent ensemble. Mais qui ne font qu'assez rarement ce pour quoi ils sont (bien) payés.

Vendredi 10 octobre

15 h 20

Je boucle une note de veille juridique, lorsque Fred débarque dans mon bureau, furibond.

– Je peux savoir pourquoi, à chaque fois que l'on te confie un dossier, tu t'arranges pour le planter lamentablement ?

– Je vous demande pardon ?

– Je t'ai indiqué spécifiquement que je voulais être copilote de ces Assises et tout ce que tu me proposes, c'est de diriger un atelier minable ? Tu te moques de moi ?

En règle générale, oui, mais pas sur ce dossier. Affecté du syndrome du chanteur, Fred veut que partout dans la rue on parle de lui. Il a donc mis un point d'honneur à transformer chaque réunion anodine en événement grandiose dont il est le maître de cérémonie. Oublieux des âpres négociations que j'ai dû mener avec le stagiaire en charge de la logistique des Assises pour lui dégoter un rôle de chef d'atelier, Fred entame sa litanie : il est entouré d'incapables, de nuls, de minables ; si François Mitterrand – il est des obsessions durables – avait été entouré de nases comme nous, jamais il n'aurait été Président. C'est d'ailleurs vrai.

J'attends que la crise se tasse avant de demander :

– En avez-vous discuté avec M. Baudet ?

Misère.

Si j'en viens à invoquer Simplet pour gérer un caprice de Fred, c'est que la situation est clairement en train de m'échapper.

Fred ouvre la porte et hurle :

– Baudet, viens ici tout de suite ! Et ramène le nouveau !

Simplet arrive en courant et s'emploie à faire tapisserie avec application, pendant que Fred expose les déboires de sa dernière lubie. Le directeur des relations internationales prend des notes compulsivement, ne levant le nez que pour me lancer un regard effaré.

– Je ne comprends même pas pourquoi ce n'est pas déjà réglé, s'enflamme Simplet que j'ai passé une demi-heure ce matin à briefer soigneusement.

Super. Je comptais sur un éclair de lucidité de mon directeur pour encadrer Fred et je me retrouve avec un troufion exalté.

– Mais c'est réglé ! Les organisateurs ont été désignés il y a plus d'un an et la mairie n'en fait pas partie ! Néanmoins, les chefs d'atelier n'ont pas encore été choisis, donc vous pouvez, si vous le souhaitez, *présider* l'un des quatre ateliers thématiques.

Fred grommelle. Il n'a jamais montré de velléités particulières pour sauver la planète, mais pour un grotesque colloque se tenant dans la salle de conférences d'un luxueux hôtel de Nairobi, il est prêt à faire un effort.

– Très bien, annonce-t-il sèchement. Mais on délègue la logistique au cabinet Lambron. De toute évidence, vous êtes incapables de gérer correctement ce dossier. Refilez-leur 100 000 euros et on verra ensuite.

Les agents de la mairie n'étant pas capables de faire grand-chose par eux-mêmes, ils ont pris l'habitude de transmettre à des organismes extérieurs, qu'ils arrosent de subventions, leurs maigres tâches.

– 100 000 euros ? intervient The Gentleman. Monsieur Baudet, vous ne trouvez pas que c'est très cher payé ?

– Moui, non, j'en sais rien. De toute façon, moi, l'économie, j'y comprends rien, avoue Simplet.

Si cette révélation ne m'étonne absolument pas, elle suffoque apparemment The Gentleman qui commence à s'agiter sur sa chaise :

– Mais je croyais que vous aviez occupé un poste de direction au Pôle économique, objecte le nouveau directeur des relations internationales, qui, de toute évidence, a étudié le CV de son boss par le menu.

Simplet a effectivement occupé les très honorables fonctions de chef de service au sein de notre direction en charge du développement économique durant un mois, laps de temps qu'il a fallu au Grand Chef Sioux de l'époque pour prendre pleinement conscience des dégâts et organiser dare-dare le rapatriement de Simplet dans la mafia latrinesque, seul endroit où il ne déparerait pas.

– Mais j'étais aux moyens généraux, explique Simplet avant d'agiter les mains et de pouffer.

Je reconnais là les prémices d'une catastrophe imminente : Simplet s'apprête à faire de l'humour.

The Gentleman hausse un sourcil circonspect, et commet alors une erreur de débutant : demander à Simplet de développer sa réponse.

– C'est-à-dire ?

– Je comptais les ramettes de papier et les feuilles dans les ramettes.

Et il a réussi l'exploit de se faire virer ? Impressionnant, je dois l'avouer.

– Imaginez s'il n'y avait eu que 499 feuilles dans une ramette de 500. On peut dire que j'ai contribué au Grenelle de l'environnement à ma façon, conclut-il sous le regard ahuri de The Gentleman.

Je décide d'apporter mon grain de sel :

– De toute façon, une subvention est une allocation sans contrepartie. Si nous leur demandons de travailler pour nous, il faut passer un marché public, sinon les règles de la concurrence seront faussées.

Simplet soupire, en me regardant d'un sale œil :

– Trop long, trop compliqué.

– Possible, mais il est impossible de faire autrement. Nous ne pouvons attribuer de subvention que si l'initiative du projet vient de l'organisme bénéficiaire et que nous n'en attendons aucune contrepartie directe.

– N'essaie pas de nous embrouiller avec tes mots qui ne veulent rien dire, grogne Fred.

Je tente de traduire :

– Si on demande à quelqu'un de faire quelque chose de précis pour nous, on ne peut pas passer par une subvention.

Mon élu commence à montrer des signes d'énervement de plus en plus manifestes et contracte la mâchoire de manière inquiétante.

– Je me doute bien qu'attribuer une subvention est, dans ce cas..., commence Simplet avant de s'arrêter net et d'indiquer : Je ne trouve pas l'expression consacrée.

– Illégal.

– Tu veux dire que c'est borderline légalité ? tente de traduire Simplet.

– Non. Telles que vous présentez les choses, ce n'est pas borderline légalité, c'est illégal. Défendu. Illicite. Mauvais. À ne pas faire. Il va falloir lancer un marché public. Si le cabinet Lambron remporte le marché, alors nous passerons effectivement par eux. Je peux tout à fait rédiger le cahier des charges.

– Un cahier des quoi ? s'enquiert Fred en me lançant un regard noir.

– Un cahier des charges. Un document contractuel qui détermine les conditions dans lesquelles ce marché sera exécuté.

Je me lance dans ce qu'il convient d'appeler « les marchés publics pour les nuls », en prenant soin d'éviter tous les mots compliqués. Lorsque je lève les yeux, Simplet a le regard plus vitreux que jamais. Quant à Fred, à voir l'application avec laquelle il se cure les ongles avec un bouchon de Bic, je doute qu'il ait écouté ne serait-ce qu'une phrase de mes explications.

– Zoé, tes codes, tes seuils, tes critères, je m'en cogne. Je veux que ce soit eux qui s'occupent de la logistique. Débrouille-toi avec tes bidules, je veux qu'ils soient payés avant la fin du mois, sans faute !

– C'est juridiquement impossible. En France tout au moins.

– D'habitude, quand on a quelque chose à leur faire faire, ils nous envoient les factures, on paye et basta, proteste Fred.

– Hors marché ? !

– Bon, ça suffit, Zoé, coupe Simplet. Tu les vois d'urgence et tu me règles ça, c'est clair ?

Illégalement limpide.

Lundi 13 octobre

14 h 35

Dans son processus de deuil de ses illusions, Michelle l'Efficace, la deuxième assistante de Simplet, semble avoir atteint le dernier stade : celui de l'acceptation. Le menton appuyé sur ses poings, elle me regarde m'agiter sans broncher, ponctuant ma diatribe indignée de quelques « je sais » peu convaincants.

– Mais non, vous ne savez pas ! Fred voulait que le cabinet soit payé avant la fin du mois ! Je lui ai expliqué en long, en large et en travers que c'était impossible. C'est ma faute, j'aurais dû employer les mots « inéligibilité » et « prison ». Il aurait peut-être mieux compris.

Michelle hausse les épaules :

– J'en doute. J'ai déjà testé et Thomas aussi !

Thomas Becker, directeur de la commande publique de la mairie, garde-fou des élus dépensiers et ennemi numéro 1 de Fred. Habillé des pieds à la tête de kaki, ce qui lui a valu le surnom de Géant Vert, il occupe également le poste de directeur des finances de la collectivité depuis le départ en dépression de son prédécesseur, trop psychorigide pour fermer les yeux sur les excès en tout genre du Gang.

– Il tient le coup, au fait ?

– Pour le moment, oui.

– Tant mieux ! Il paraît que ce fameux cabinet Lamoron a déjà bossé pour nous, mais je n'arrive pas à mettre la main sur le moindre dossier. Vous avez des infos ?

– Il y a de fortes chances pour que nous envoyions nous-mêmes les invitations et les programmes, que nous installions les chaises, les tables et les micros une fois sur place ! Au cas où tu aurais une objection, sache que la convention de subvention est déjà rédigée et présignée par le maire. 100 000 euros, comme il te l'a dit, avec possibilité de rallonge, évidemment.

– C'est quoi l'arnaque ?

– Si je te dis DGA en charge du développement économique, tu y es ? Non ? Je rajoute : une dame plus connue pour être la maîtresse du Don que pour développer l'économie de la ville, tu me réponds...

– Barbara Lambron... Cabinet Lambron... Je n'avais pas fait le rapprochement... C'est qui ? Son fils ?

– Ses beaufs. Je présume que le maire se sent redevable et préfère payer au titre du *pretium doloris* de la dignité familiale plutôt que d'essuyer un scandale.

Vendredi 17 octobre

15 h 30

– Ton rendez-vous, c'est calé, t'as réservé une voiture et tout ?

Je lève les yeux des papelards que je remplis pour confirmer la place de Fred comme « président d'atelier » de ces foutues Assises, et découvre Simplet planté devant moi.

– Les consultants du cabinet Lambron ? Mais ils ne se déplacent pas à la mairie ?

– L'autre jour, lorsque je t'ai demandé d'aller les voir

sur place, tu m'as répondu « pas de problème », rétorque-t-il, faisant, pour une fois, preuve de facultés mnémoniques que je ne lui soupçonnais pas.

Ne jamais dire « pas de problème » pour un truc qui semble flou, perdu dans un futur lointain, peu probable… Car un jour, ce projet devient douloureusement précis, daté et un inépuisable pourvoyeur de corvées débilitantes et de travail stérile.

Je m'entends protester de très loin :

– Mais c'est à trente kilomètres.

Simplet secoue la tête et commence à taper sur son BlackBerry avant d'annoncer :

– Non, vingt-huit kilomètres sept cents, selon Mappy ! C'est important d'être rigoureux, surtout lorsqu'on s'apprête à verser une subvention de 500 000 euros, reprend Simplet.

– 100 000 euros, en fait, mais oui, c'est important d'être précis, c'est sûr…

– Bref, coupe-t-il sèchement. Tu réserves une voiture pour vous trois et tu y vas la semaine prochaine, je ne vois vraiment pas où est le problème.

Moi, je vois précisément où il se situe.

Je suis une calamité en conduite automobile. Depuis que, par lassitude, au bout d'un nombre de fois que je me refuse à dévoiler même à mes proches, l'examinateur a fini par m'accorder le permis, j'ai suivi à la lettre ses conseils avisés : éviter au maximum de toucher un volant.

– Comment ça, je réserve une voiture « pour vous trois » ? Michelle et moi, ça fait deux, non ?

– Tu vas également emmener Coralie. Elle voudrait savoir comment ça se passe.

Coconne ? Et puis quoi encore !

La simple perspective de cette réunion me colle déjà suffisamment la nausée, tant j'ai la trouille de découvrir que la mairie paye un obscur consultant sans mise en concurrence depuis des lustres.

Je commence à protester, lorsqu'il m'interrompt :

– Elle n'a rien à faire la semaine prochaine. Par ailleurs, je ne te trouve pas très charitable. N'oublie pas, Zoé, sans la charité, nous ne sommes rien.

Je rêve ! Il ose me refiler Coconne à baby-sitter et en plus, il convoque les dogmes catholiques pour me culpabiliser.

15 h 50

Je me connecte sur le fantastique logiciel de réservation de véhicules de fonction, censé, au dire de celui qui nous l'a vendu, « révolutionner le système obsolète et poussif que vous avez gardé bien trop longtemps ». Un quart d'heure passé à tenter désespérément d'entrer mes données dans le programme et je me surprends à fantasmer sur l'ancien carnet à spirale et le crayon à papier posé sur le bureau de Bob, le chef du service Moyens généraux de la mairie.

– Il y a effectivement un problème avec le logiciel, m'apprend la secrétaire. Vous n'avez qu'à réessayer lundi. Ou mieux, mercredi, parce que la personne qui s'en occupe au service informatique vient juste de partir en week-end.

Vendredi 24 octobre

13 h 30

Dans quelques heures, je serai en week-end prolongé. Il est donc hors de question que je trépasse avant d'accéder au Graal : quatre jours loin de Simplet et des idées géniales de Fred. Sauf qu'avant, la corvée Lambron nous attend.

Je passe prendre Michelle dans son bureau et nous retrouvons Coralie qui grelotte dehors en tirant sur sa cigarette.

– Je ne comprends pas pourquoi vous ne fumez jamais au bureau, c'est superconvivial, m'explique Coconne dont les lèvres ont pris une inquiétante teinte bleutée.

– Hibernatus, dépêchez-vous, nous ne sommes pas en avance.

– Mais je ne suis pas chauve, rétorque-t-elle, outrée.

– Et je ne suis pas cul-de-jatte, mais il va vraiment falloir qu'on y aille.

– Je ne suis pas chauve, je ne sais pas pourquoi vous avez dit ça, s'obstine-t-elle, tout en faisant de grands gestes avec son mégot.

Je me tourne vers Michelle qui me souffle à l'oreille :

– C'est Hibernatus qui l'a perturbée.

– J'ai utilisé cette référence parce que vous avez l'air d'avoir très froid. De toute façon, l'hiberné n'est pas chauve, c'est uniquement Louis de Funès qui l'est. On peut y aller, maintenant ?

Nous nous dirigeons toutes les trois vers le parking de la mairie.

– J'ai le numéro de sécurité sociale du type qu'on va rencontrer, m'informe Coconne. Avec ça, je sais tout de lui. Il est né en 76, en juin et à Paris.

Je jette un rapide coup d'œil à la feuille qu'elle m'agite sous le nez, avant de corriger :

– En 75, en Seine-Maritime. Le premier numéro, c'est l'année de naissance, pas le département.

– Si ça se trouve, il est canon, commence à s'exciter Coconne.

– J'en doute.

– Pourquoi ? rétorque celle-ci dont l'air curieusement admiratif m'incite à penser qu'elle est à deux doigts de m'attribuer des pouvoirs surnaturels.

– Parce que son numéro de sécu commence par un 2.

– C'est numéroté en fonction du physique des personnes ? Par ordre décroissant de beauté ? commence à s'affoler Coconne, avant de fouiller dans son sac pour en extirper sa carte Vitale.

Misère.

– Non, c'est numéroté en fonction du sexe.

– Vous pensez qu'il a un sexe de seconde catégorie ? me demande-t-elle, interloquée.

Ce que je préfère, chez elle, c'est sa capacité à me faire entrevoir des concepts que je n'aurais jamais eu l'idée d'imaginer, même après trois vodkas-orange.

Michelle glousse tandis que je déploie des trésors de sérieux pour lui expliquer que les numéros de sécurité sociale commençant par un sont ceux des hommes et par deux, ceux des femmes.

– Ah, s'extasie Coconne. C'est vrai que c'est beaucoup plus logique que ce que je pensais.

Vraiment ? !

– Bon, maintenant, ouvrez l'œil, il faut que nous trouvions une 206 Peugeot noire.

– Dans le parking B ? Une 206 noire ? Je crois qu'on va avoir un problème, annonce Michelle.

Je pousse la porte et comprends immédiatement pourquoi. On se croirait dans une succursale Peugeot. Une succursale qui se serait spécialisée exclusivement dans la vente de 206 noires et qui exposerait ses voitures dans un endroit ridiculement sombre, éclairé par une rangée de néons poussifs qui s'allument à tour de rôle, façon guirlande de Noël branchée sur un générateur déficient.

– Et maintenant, on fait quoi ? demande Coconne.

Je commence à actionner la clé pour que les phares de notre voiture s'allument et nous indiquent la localisation de notre futur carrosse.

Vingt minutes et deux tours de parking plus tard, une 206 finit par s'illuminer.

Coconne, Michelle et moi nous précipitons à l'intérieur.

14 h 10

L'horreur avec les parkings souterrains, c'est qu'en sortir implique une subtile maîtrise d'un exercice que j'exècre : le démarrage en côte.

La manœuvre que je tente me vaut un « mais c'est normal qu'on recule ? » coconnien, pendant que Michelle s'accroche à la poignée de la porte en fermant les yeux.

Après avoir calé et redescendu la pente deux fois, nous émergeons finalement du garage et arrivons dans ce qui ne peut être qu'une ville-test sur l'usage des ronds-points. Une route de montagne n'imposerait pas autant de virages.

– C'est délirant, à ce niveau-là ! Ils sont tarés d'en avoir fait autant !

– Au contraire, intervient Michelle depuis le siège arrière. Le personnel de la DDE[1] touche un intéressement pour chaque rond-point !

Je prends un virage à la corde. Si Michelle fait preuve d'un stoïcisme étonnant, Coconne commence à s'agiter, avant d'annoncer :

– Je peux conduire, vous savez.

Je me retiens de lui dire qu'elle aurait pu avoir cette brillante idée plus tôt ; je m'arrête sur le bas-côté et lui tends les clés avec un soulagement évident.

Elle s'en empare mais ne rentre pas dans la voiture, préférant discuter par moins deux degrés sur le bas-côté d'une nationale.

– Vous devinerez jamais qui va être embauché à la culture !

– Coralie, nous ne sommes pas en avance et il fait vraiment très froid…

– La sœur de la DRH ! Elles n'ont pas le même nom, c'est pour ça que personne ne l'a réalisé, mais elle a été embauchée et sur un poste même pas publié, en plus. Avec le nombre des recrutements depuis cet été, ça s'est pas trop vu, mais moi, je l'ai remarqué directement, conclut-elle avec la fierté de l'inspecteur Columbo ayant bouclé son enquête.

La période postélectorale est marquée par l'arrivée en masse de nouveaux éléments : les encartés qui ont mouillé leur chemise pour faire réélire le Don et qu'il

1. Direction Départementale de l'Équipement.

convient à présent de récompenser par une embauche, puisque collage d'affiches vaut diplômes dans cet univers tordu.

– Bravo ! On y va maintenant ?

Un quart d'heure plus tard, je dois avouer que Coconne conduit plutôt bien, malgré une propension certaine à ne pas utiliser son clignotant. Nous arrivons devant le bâtiment où se tient la réunion et je tourne la tête avant d'informer Fangio :

– Il y a une voiture qui nous colle derrière. N'oubliez pas d'indiquer que vous tournez.

J'ai à peine le temps de finir ma phrase que Coconne abaisse sa vitre pour passer une tête permanentée par la fenêtre et hurler :

– Attention, je tourne !

Je me retourne et croise le regard halluciné de Michelle qui, bouche bée, secoue la tête comme pour se réveiller.

Si seulement...

– Je parlais du clignotant, Coralie.

– Ben, fallait préciser, rétorque-t-elle en pilant sur une place réservée aux handicapés dont je ne suis vraiment pas sûre qu'elle usurpe le statut.

14 h 45

Nous nous extrayons de la voiture dans un état second. Nous sommes accueillies par la consultante née en 75 en Seine-Maritime. Avant que je n'aie le temps de présenter mes collègues, elle commence par l'étalage de son CV en insistant sur ce diplôme de psychopédagogie qui lui a permis d'acquérir des référentiels de pensée sans lesquels il n'est pas de vie professionnelle possible.

Elle nous entraîne dans une salle à l'ambiance trekkienne – du métal, du métal et encore du métal. Un peu de verre, également, pour montrer à quel point ces spécialistes du consulting sont ouverts sur le monde. Brusquement, elle commence à cracher un déluge de chiffres.

Les négociations avec les organismes à qui la mairie attribue une subvention sont toujours de grands moments, à côté desquels les pourparlers diplomatiques entre l'ONU et la Corée du Nord font figure de bavardages.

La directrice lâche un soupir à fendre l'âme qui n'a d'autre vocation que d'amener à un appel de fonds en bonne et due forme. Appel de fonds totalement indécent, puisqu'elle ne demande rien moins que le triple de ce que je viens de lui proposer.

Coconne commence à me tirer par la manche d'un air suppliant :

– Mais c'est vrai, comment ils vont faire avec la subvention qu'on leur propose ?

La directrice entreprend de développer son argumentation sans lâcher son alliée du regard. Fausse manœuvre.

Devant mon air impassible, elle décide d'abattre la carte maîtresse de son jeu : faire appel au bon sens de la mairie.

La pauvre. S'il est bien une chose dont nous sommes dépourvus, c'est de bon sens, sinon, nous n'en serions pas là.

– Mais, comprenez-moi, vous connaissez le prix d'un aller-retour au Kenya, si nous envoyons les spécialistes que la technicité de cette mission requiert, on n'y arrivera jamais, geint-elle.

Lorsque j'émets l'hypothèse qu'on peut – peut-être ! – surmonter cette difficulté, j'affronte une tempête de dénégations poignantes.

– Vous connaissez bien mieux que moi les implications d'un tel système, insiste-t-elle.

Absolument pas, mais je vais faire semblant afin de conserver un minimum de crédibilité.

– Bien sûr, mais vous, vous connaissez nos contraintes budgétaires. Par ailleurs, nous sommes en train de réfléchir à un montage juridique clair pour vous intégrer à cette mission.

La directrice se raidit :

– Un montage juridique ? Mais je ne comprends pas. Nous avons mené plusieurs études *très pointues* et participé à l'élaboration de *nombreuses* missions pour le compte de la mairie, et tout se fait très simplement d'habitude..., insiste-t-elle en brandissant son stylo de manière aussi peu avenante que l'Ange virant Adam et Ève du jardin d'Éden. Nous vous présentons notre facture et vous la réglez sans toutes ces complications.

Rien que ça.

– Écoutez. Ce dossier relève de ma responsabilité et je tiens à ce que les objectifs fixés soient atteints selon les méthodes que j'utilise.

– De toute évidence, vous êtes nouvelles à la mairie. Vous m'excuserez, mais je préfère régler ce type de détail directement avec M. Mayer, conclut-elle en se levant et en nous indiquant la porte au cas où nous n'aurions pas compris la fine allusion.

La réunion est terminée, apparemment. Nous nous levons. Brèves salutations.

Nous nous dirigeons vers la voiture en nous lançant des regards à la dérobée sans que l'une de nous trois se décide à ouvrir le feu. Je tends les clés à Coconne et entame les hostilités :

– C'est moi, ou elle demande directement à Fred de payer sa société par des factures hors mise en concurrence, dirons-nous pudiquement ?

– Des fausses factures ? reprend Michelle sans pousser le vice jusqu'à infléchir sa voix vers le haut.

– Si tel n'est pas le cas, ça y ressemble étrangement.

– Il faut prévenir Nicolas, décide Michelle. Mais il ne revient de vacances que le 3.

– J'ai lu quelque part qu'on peut éviter de faire des trucs pas droits en faisant quelque chose, commence à nous exposer Coconne avant de se tourner vers moi les yeux brillants. Alors, vous en dites quoi ?

Que c'est un peu vague comme idée de départ.

– On doit absolument reporter le dossier. Il ne faut pas qu'il passe au prochain conseil. Quoi encore ? demandé-je à Coconne qui bougonne.

– C'est ce que j'avais dit. On m'écoute jamais, de toute façon.

Novembre

A beautiful lie

Ne remets pas à demain l'effort de confier
à un autre ce que tu as à faire aujourd'hui.

Quino, *Mafalda*

Lundi 3 novembre

9 heures

52 % des Français souffriraient de la phobie du lundi. À sentir la boule d'angoisse qui monte en apercevant le bâtiment de la mairie, je pense postuler comme chef de file des flippés du début de semaine. Je dépose mes affaires dans mon bureau et fonce voir Simplet sans prendre la peine de procéder aux salamalecs téléphoniques ordinaires pour vérifier que mon supérieur est disposé à me recevoir :

– Je suis désolée de vous déranger, mais nous avons un vrai problème sur le dossier des Assises.

– Je rentre à peine de congés, geint-il. Tu pourrais au moins me laisser le temps de m'installer avant de commencer ton cirque ! C'est une obsession chez toi ! Et puis, il y a plus important : je suis sur le point d'engager une spécialiste. Un vrai coup de cœur. Elle est géniale, m'informe Simplet en se frottant les mains.

– Pour ?

– Ben… le poste de chargée de com de la DIE ! réplique-t-il, suffoqué que je semble n'avoir aucune idée de ce dont il parle.

Quel poste de chargée de com ? Dans quel monde tordu notre direction aurait-elle besoin de communiquer sur son inaction ? Sans compter que de coopération décentralisée, il n'y a point. Sous la houlette de Fred-les-mains-baladeuses, notre action internationale s'apparente furieusement à du tourisme politique, soit le genre d'évolution qu'il convient de ne pas ébruiter.

– Garance arrive après-demain pour un entretien et prendra ses fonctions la semaine prochaine, précise-t-il.

Wow, wow, wow… pas si vite !

Pour engager une personne dans les règles, il faut créer un poste, soit rédiger une délibération et la faire voter par le conseil municipal, puis passer une annonce dans des journaux spécialisés et organiser les entretiens d'embauche des candidats ayant manifesté un intérêt pour le poste.

Soit au minimum deux mois pour une collectivité fonctionnant normalement. Six pour la nôtre. Si on met le turbo.

J'en déduis donc que Simplet n'est pas allé plus loin que le carnet d'adresses du Gang des Chiottards pour dénicher son coup de cœur.

La charge de travail supplémentaire induite par les transferts de compétences de l'État aux collectivités territoriales ne justifie pas les embauches en pagaille opérées à la mairie. Étirant au maximum de ses possibilités l'article 3 de la loi du 13 juillet 1983[1] qui permet

1. La loi du 13 juillet 1983 portant droits et obligations des fonctionnaires. L'article 3 prévoit que, « sauf dérogation prévue par une disposition législative, les emplois civils permanents de l'État, des

d'embaucher un contractuel plutôt qu'un fonctionnaire sous conditions strictes et de manière temporaire, la DRH, sous la pression des élus, a ouvert les vannes et validé le recrutement en masse d'encartés.

Le coût de ces contractuels, qui touchent des primes hallucinantes, ne dérange personne. Quant aux reçus-collés qui, après avoir eu un concours, ne trouvent pas de poste faute de piston et perdent le bénéfice de leur concours, tout le monde s'en fout.

Premier corollaire : le « coup de cœur » va être recruté, les justificatifs rédigés a posteriori. Encore une énième procédure entachée d'un vice de forme à l'actif de la DIE.

Second corollaire : si elle plaît autant que ça à Simplet, nous devrions bien nous marrer dans les mois qui viennent.

Lundi 10 novembre

10 h 45

The Gentleman se glisse dans mon antre et commence à arpenter le minuscule espace qui sépare mon bureau du mur.

– Je ne comprends pas, avoue-t-il en se laissant lourdement choir sur une chaise. J'ai rédigé une note expliquant que nous n'avions pas besoin de personnes

---

régions, des départements, des communes et de leurs établissements publics à caractère administratif sont [...] occupés [...] par des fonctionnaires ».

extérieures pour organiser cette mission somme toute banale. Et j'ai rédigé un paragraphe entier pour expliquer pourquoi il était impératif de passer par un marché public si vraiment M. Mayer souhaitait déléguer certains pans de l'organisation des Assises.

– À qui l'avez-vous remise ?

– À Nicolas Baudet.

Simplet diffuse ses notes équitablement entre Alix et sa corbeille à papier. Ce qui revient au même, avec un intermédiaire supplémentaire dans le premier cas de figure.

– Peut-être devriez-vous rédiger une note, vous êtes arrivée avant moi, le privilège de l'ancienneté peut jouer, avance-t-il naïvement tandis que je ne peux m'empêcher de sourire.

– Lorsque Alix a voulu faire embaucher, pour le poste de VIE en Chine, une nana qui ne savait pas situer Pékin sur une carte, j'ai rédigé pas moins de cinq notes démontrant point par point l'inanité d'une telle embauche. Cinq. Et aucune d'entre elles n'a dépassé le bureau de l'âne bâté qui nous sert de directeur. Aucune. Si cela ne démontre pas que mon pouvoir d'influence dans cette collectivité frôle le zéro absolu, je ne vois pas ce qui serait à même de le prouver.

– Et une note au service juridique ? suggère The Gentleman. Parce que je suis à deux doigts d'invoquer l'article 28.

Ah, le fameux article 28 de la loi du 13 juillet 1983 portant droits et obligations des fonctionnaires !

Beau comme un texte inapplicable, il prévoit que tout fonctionnaire doit se conformer aux instructions de son supérieur hiérarchique, sauf si l'ordre donné est « manifestement illégal et de nature à compromettre gravement un intérêt public ».

Bien évidemment, aucun décret ne donne d'inventaire précis et actualisé desdits ordres permettant de ne laisser aucun doute sur ce que le parfait petit fonctionnaire peut refuser catégoriquement de faire, ce qui nous laisse dans un joyeux flou jurisprudentiel.

– Il nous est impossible d'obéir à un ordre de toute évidence illégal et qui compromet la bonne gestion des deniers publics, insiste The Gentleman qui, à force de faire des allers et retours devant moi, commence à me donner le mal de mer.

Autant qu'il se mette directement en chômage technique, parce que des trucs « borderline légalité » – en langage Simplet – et « manifestement illégaux » pour tout être ayant un minimum flirté avec un bouquin de droit administratif, il n'a pas fini d'en faire !

– Pensez-vous honnêtement qu'un juge administratif considérerait cet ordre de nature à compromettre gravement un intérêt public ?

– Gravement, peut-être pas, mais c'est manifestement illégal.

– Certes, mais pour refuser un ordre, les deux conditions doivent être cumulatives et, de toute façon, vous découvrirez très vite que la limite entre le légal et l'illégal est extrêmement floue à la mairie.

– Mais les autorités compétentes ne peuvent accepter ça !

– Si les autorités compétentes, comme vous dites, faisaient correctement leur boulot, la majorité des élus de cette mairie seraient au mieux frappés d'inéligibilité, au pire, en taule. Cela dit, je suis parfaitement d'accord avec vous. Je peux essayer d'adresser une note au directeur financier. Nous avons travaillé à plusieurs reprises sur des dossiers communs. C'est un type intègre. Il aura peut-être une idée.

Un ange passe.

– Comment suis-je censé rester deux ans dans une telle collectivité ? commence-t-il à se lamenter. Comment s'intègre-t-on ici, du reste ?

Bonne question.

– Je suppose que, comme dans tous les groupes, il suffit de se familiariser avec les us et coutumes en vigueur à la DIE et de partager, ou faire semblant de partager, les valeurs de Fred et du Don, adopter leurs références culturelles – assez inexistantes, donc ce sera rapide –, leurs aveuglements – les élus sont des dieux omnipotents – et maîtriser leurs théories politiques de haut vol – l'État veut nous spolier, vive la décentralisation.

The Gentleman n'a pas l'air très convaincu et je décide d'abattre mon dernier atout :

– Ce qui fédère le mieux un groupe, c'est un ennemi commun.

Le directeur des relations internationales commence à secouer la tête frénétiquement :

– Je ne peux pas critiquer Nicolas Baudet, c'est mon supérieur hiérarchique.

– Qui vous parle de critiquer Simplet ? Non, ici, l'ennemi commun, c'est la photocopieuse.

– Un peu restreint comme sujet de conversation, non ?

– Pas nécessairement, elle fait aussi scanner, trieuse, impression couleurs et la plupart du temps, rien ne marche. Croyez-moi, critiquer la photocopieuse est le meilleur moyen de vous intégrer. Et déverser votre diatribe devant la machine à café vous fera gagner des points supplémentaires.

– Mais le service informatique ne va pas le prendre mal si je critique la photocopieuse ?

– Pensez-vous ! Ils se frottent les yeux d'émerveillement les rares fois où elle fonctionne !

Il soupire.

– C'est vrai qu'elle ne fonctionne pas bien, cette photocopieuse.

On progresse, on progresse.

– Et c'est qui, cette chargée de com que M. Baudet va nous présenter à la réunion de service ?

– À la réunion de service ? Mais je pensais qu'il n'y en avait pas ce matin, qu'il était trop occupé !

– Il a finalement décidé qu'elle était trop importante pour la supprimer, m'explique The Gentleman en levant les yeux au ciel.

11 heures

Je me traîne dans la salle de réunion où je retrouve mes collègues qui arborent un air aussi désespéré que le mien.

Lorsque Simplet engage une personne de manière impulsive, il y a tout à redouter : Garance-le-coup-de-cœur est l'âme sœur de Simplet, son double cérébral, sa moitié de neurone. Ils parlent le même langage – l'anglo-management – et ont les mêmes idées débiles sur les mêmes sujets foireux.

Autant dire qu'ensemble, ils forment un tout très con, mais hilarant.

Depuis le simulacre d'entretien d'embauche de la semaine passée, lorsque Simplet a décidé de tester son anglais, ses mots magiques résonnent encore dans ma tête : « Hello, Garance. Can you tell together why it is important for you to be at this post of my service ? »

Aucune force ne pourrait les séparer. Même dans les tragédies grecques, le destin n'était pas aussi puissant.

Simplet et Garance, c'est beau comme une série B diffusée par M6 en début d'après-midi.

Lui sautille jusqu'à sa place et démarre sur les chapeaux de roues :

– Je vous demande à tous d'accueillir notre nouvelle chargée de com, Garance, déclare-t-il pendant que nous avisons l'étonnante créature : Bluetooth, mini-magnétophone, clé USB autour du cou, smartphone, ordinateur portable sous le bras et pager à la ceinture.

Avec ses collants bleus, on dirait la Schtroumpfette qui aurait ramassé des bons cadeaux chez Darty.

– J'ai fait un DEUG de psycho avant Sciences Com, enchaîne-t-elle avec toute la fierté qu'un tel parcours implique. Je souhaite travailler sur des concepts afin de faire émerger une typologie de tous les process de la DIE, continue-t-elle.

Je comprends immédiatement pourquoi Simplet ne pouvait pas la laisser passer.

En matière de verbiage, ses dix – fort longues – minutes de présentation la placent d'emblée championne, laissant loin derrière les consultants de l'ETA, pourtant spécialistes en la matière.

C'est bien simple, elle commence là où ils s'arrêtent.

Lorsqu'elle achève sa présentation, The Gentleman est au bout de son rouleau et j'avoue avoir bien entamé le mien. La Schtroumpfette ne parle pas. Elle glousse, émaillant son discours de rires très aigus lorsqu'elle est surexcitée, ce qui, de toute évidence, semble lui arriver très souvent. On dirait un sifflet à ultrasons.

Un raclement de gorge interrompt la parade de la nouvelle recrue et Alix débarque, avec cet air de surtout-ne-vous-dérangez-pas-pour-moi que prennent les faux modestes en s'arrangeant, au contraire, pour attirer l'attention générale. Elle s'avance vers Simplet et lui murmure quelque chose à l'oreille. La réaction est immédiate :

– Mais bien sûr, quelle merveilleuse idée, qu'ils entrent !

« Ils », c'est Fred et un quinquagénaire dont les trois cheveux qu'il lui reste ont été savamment brushés pour cacher, sous un réseau de sucre filé, un crâne rose et luisant.

– Qui est-ce ? murmure The Gentleman.

– L'Homme sans qui il n'est pas de décision possible, j'ai nommé le beau-frère de Barbara, sieur Lambron.

L'identité de l'invité mystère ne tarde pas à nous être confirmée par Fred qui annonce que, devant l'inertie et la mauvaise volonté de ses services, il a décidé d'être proactif. Il a passé un *contrat moral* avec un *excellent* cabinet de *consulting, une perle* qui s'occupera de tout ce que notre minable service n'est pas capable d'accomplir. Sans lui, les Assises sont vouées à un échec certain et il va nous le prouver dès maintenant.

La perle s'installe et appuie sur un bouton. Un embrouillamini d'ogives, de flèches et de bullet points et autres graphiques envahit le mur.

– Bonjour à tous, j'ai décidé de personnaliser le thème promenade, ça me semblait adapté à votre cas. Au cabinet Lambron, nous adaptons le service à chaque client, nous apprend-il gravement, avant de lancer un slide intitulé « Logistique de la mission Assises de la coopération décentralisée ».

– La typographie est excellente, se réjouit la Schtroumpfette.

Si la typo est excellente, je ne vois pas pourquoi je jouerais les trouble-fête en expliquant que ce charabia ne veut rien dire.

Le VRP d'idées saugrenues fait défiler les diapositives qu'il commente vaguement, pendant que Simplet s'abîme dans une sorte de transe à la vue de ce qui défile sur le mur.

Le génie de PowerPoint est de distraire le public en dissimulant la vacuité d'une proposition sous un monceau d'animations grotesques.

– C'est extraordinaire ! se réjouit-il, en extase devant la présentation PowerPoint, après avoir jeté un coup d'œil à sa voisine afin de vérifier que son opinion était conforme à la doxa ambiante.

L'offre crée la demande. Avant de tomber dans les griffes de l'insatiable Lambron, nous ne soupçonnions pas qu'il manquait un *event manager* dans nos vies. Grâce à l'infâme bouillie mitonnée par notre escroc dans la casserole d'Office, c'est désormais chose faite.

Le slide suivant m'apprend qu'outre notre gratitude, Lambron attend surtout notre argent. 250 000 euros, pour être exact. Et très vite. L'addition a plus que doublé en trois jours.

Alors que The Gentleman glapit d'indignation, Fred soupire de bonheur : pour lui, la technologie ne saurait d'autant moins mentir qu'il n'y comprend rien.

– Très bien, déclare-t-il. Mon service se charge de vous verser cette subvention, cela ne posera aucun problème, conclut-il en me jetant un regard noir avant de sortir en claquant la porte.

Il quitte la salle et je cavale derrière lui :

– Monsieur Mayer, vous savez qu'il nous est impossible de verser 250 000 euros à ce cabinet sans mise en concurrence préalable !

– Tu veux me mettre sous curatelle ou quoi ? s'insurge Fred en prenant soin d'élever suffisamment la voix pour que tout l'étage en profite. Je sais encore ce qui est bon pour ma ville, nom de nom ! Qui a été choisi par les citoyens ? Toi ou moi ? Alors, tu en tires quelle conclusion ?

Que mon très cher élu a de toute évidence développé un système de pensée parallèle qui lui fait dire « ville » au lieu de « ma pomme ».

Mercredi 12 novembre

9 h 05

Rien de mieux pour commencer la journée qu'un appel sibyllin de la secrétaire de Fred m'invitant à une petite sauterie du nom de Pré-Copil de Cad privée pour débattre des suites à donner à la dernière étude qu'il a commandée.

La dernière étude ? Pré-Copil de Cad ?

Je n'ai même pas envie de savoir.

Je m'avance dans le bureau de Simplet où je retrouve mon boss et son âme damnée en plein conciliabule.

– Quoi ? grogne Alix qui arbore son air suffisant des grands jours.

– Fais vite, lâche Simplet hargneux, nous sommes très occupés. Nous devons décider avant midi du nouveau nom du Comité de suivi du PUE. Nous avions proposé Comité technique partenarial d'évaluation et de suivi Europe, mais Fred n'est pas convaincu.

– Avez-vous sous la main le rapport de la dernière étude demandée par M. Mayer ?

– Quelle étude ?

– Apparemment, il a mandaté un cabinet pour ça. Il

souhaite discuter des conclusions, d'où ma question : avez-vous ce rapport ?

Simplet a une tête à ne pas avoir très bien saisi l'idée directrice de ma demande. Alix soupire que, décidément, elle a bien du mérite de travailler avec des boulets pareils et je me dis qu'il est temps de prendre congé.

J'arrive dans le bureau de Fred, que je retrouve en plein soliloque devant une infâme statuette ovoïde à cinq pattes en terre glaise.

– Le service de Baudet, c'est n'importe quoi ! commence-t-il. J'ai une mission de haute importance à mener et ce crétin n'est pas capable de m'envoyer autre chose que toi.

De la chosification des agents administratifs par notre élu du peuple.

– Je te préviens, Zoé, si jamais tu me contredis en public comme tu l'as fait lundi, ta carrière est finie. Tu entends, fi-nie. Alors tu vas te démerder pour que Lambron soit payé et tu as intérêt à faire fissa, c'est clair ? continue-t-il en caressant doucement l'immonde bibelot que j'identifie comme une imitation ratée de La Vache qui rit.

– Une nouvelle mission ? Qu'est-ce ?

Fred me lance un regard exaspéré tout en prenant délicatement la vache en céramique dans sa main :

– Voyons, c'est Ihet.

Devant mon air incrédule, il se lance dans une impressionnante tirade sur une soi-disant Vache primordiale de la Création, considérée dans la mythologie égyptienne comme la créatrice de tous les dieux et du temps, mère de Râ, de Noun et d'Anubis, protectrice du Soleil et du roi, du défunt et des viscères – dans cet ordre – et affublée du don de la prophétie –, d'où sa présence sur son bureau, au cas où l'on oserait encore se poser la question.

Jamais je ne l'aurais cru capable d'apprendre par cœur l'article de Wikipédia pour me convaincre que ce bibelot grotesque était désormais sa conseillère de prédilection, avant moi – quelle surprise ! – mais aussi avant Alix elle-même.

– Les experts sont formels, annonce-t-il en brandissant quatre feuillets hâtivement agrafés. La préétude de faisabilité de la maison SECS montre qu'elle serait non seulement idéale mais indispensable.

– Une maison... sexe ?

– Une maison Solidaire, Écologique, Citoyenne et Sociale, voyons, développe-t-il, agacé. Un prototype, ma pyramide du Louvre, mais version écolo, reprend l'élu bâtisseur. On va faire ça dans l'ancienne annexe de la mairie, près du parc, ce sera parfait.

– Que va-t-on faire exactement ?

– Ce que tu veux, je m'en fous ! Des trucs écologiques, du développement durable, tu mets des panneaux solaires, du double vitrage, du bois partout, tout ça, c'est bien, c'est vendeur, c'est ce qu'on a promis pendant la campagne.

Une campagne politique, c'est surtout une campagne de pub. Au même titre qu'une télé à écran plat ou qu'un dentifrice spécial dents blanches, le politicien est un produit dont les consommateurs potentiels sont les électeurs.

Spécialiste de la récupération d'idées à la mode, le Gang n'a pas hésité une minute : propulsant le Don champion pro-toutes les conneries dans l'air du temps, ils ont aussitôt fait du développement durable son cheval de bataille électoral.

Et qu'importe que notre maire abreuve de subventions les entrepreneurs les plus pollueurs des alentours ou qu'il ne roule qu'en grosse cylindrée et ne voyage qu'en avion. Mettre en avant la vraie philosophie de notre soi-disant apôtre du développement durable – « moi d'abord » – aurait été invendable. Un homme qui débarquerait à un premier rendez-vous en annonçant que son activité favorite est de paresser devant les matchs PSG-OM une bière à la main n'aurait que très peu de chances de finir la soirée avec celle qu'il a invitée à dîner.

En matière de séduction, qu'elle soit amoureuse ou politique, la vérité ne paie pas.

– Je veux une inauguration en grande pompe en janvier, annonce Fred.

Réalisant que je n'ai pas l'air franchement transportée de bonheur, il ajoute :

– Début ou fin janvier, d'après toi ?

Avec une abnégation frôlant la sainteté, je décide de ne pas expliquer froidement qu'il est absurde de vouloir inaugurer une maison bidon qui, pour l'heure, est en ruine, et me contente de marmonner un inaudible « Faut voir ».

– C'est urgent ! insiste-t-il. Tu démarres quand ?

L'urgence en matière administrative étant toute relative, c'est la conscience parfaitement tranquille que je réponds à Fred :

– Je vais tout faire pour que ce soit le plus rapide possible.

Vendredi 14 novembre

15 h 30

Installée dans le bureau du directeur des finances, j'essaie de récapituler les dernières lubies de nos élus. Le Don et ses Assises dont la logistique doit être confiée à sa belle-famille illégitime contre une rétribution des plus coquettes, Fred et sa maison, l'horreur pour nous, la ruine pour le contribuable.

– OK, reprend Géant Vert. On sait que le cabinet Lambron est dirigé par le beau-frère de Barbara, la maîtresse durable du Don. Et, si j'en crois ta note, il a effectué pour nous des études moyennant des subventions conséquentes. Tu as lu les études ?

J'ai effectivement lu les feuillets pompeusement baptisés « Diagnostic de coopération » et « Mise en place d'une maison Solidaire, Écologique, Citoyenne et Sociale », et je suis donc en mesure de dire que le prix n'est pas donné.

– On tourne autour de 12 000 euros la page ! Le cabinet Lambron vit sous perfusions municipales. Nous sommes leur unique client, ce qui n'est guère étonnant au vu de la bouillie qu'ils ont rendue à chaque fois.

Géant Vert secoue la tête :

– Comment Baudet a-t-il pu autoriser une telle gabegie ?

– Vous connaissez le principe de Peter ?

– « Tout employé tend à s'élever à son niveau d'incompétence » ?

– Exactement. Et, de toute évidence, mon boss a mis la barre très haut.

La frontière entre l'illégalité et l'imbécillité intégrale est souvent mince. À la mairie, elle est gommée. C'est une zone de libre-échange.

– Les études ont été effectivement menées, donc nous ne sommes pas en présence d'une affaire de factures fictives, ce qui est déjà un bon point, donc abandonne cet air angoissé de la meurtrière qui ne sait que faire du corps, déclare Géant Vert.

– Factures fictives ou surfacturées, je ne vois pas en quoi c'est mieux. Et mon principal souci, c'est qu'Alix insiste pour que Lambron s'occupe de la logistique de ces Assises !

– La logistique, c'est à vous de la faire et pour ce qui est de la com, Max pourrait s'en charger, c'est son job ! Quitte à ce qu'Alix hurle à t'en faire péter les tympans, il est hors de question de continuer à arroser ces gens et à fausser la concurrence. Le payeur est de toute façon prévenu, il ne filera pas un centime au cabinet tant que nous n'en saurons pas plus.

– Et pour la lubie écolo de Fred, je fais quoi ?

– Soit tu le prends de front en annonçant qu'on ne validera jamais la dépense, soit tu appliques la technique Alzheimer : quand l'aïeul tremblotant commence à débloquer, on fait semblant de ne pas entendre et on passe à autre chose, histoire de ne pas aggraver son cas.

– Peut-être, mais Pépé a mandaté une étude pour la coquette somme de 250 000 euros et exige que Lambron soit payé.

– Eh bien, il ne le sera pas ! Aujourd'hui, Fred veut sa maison écolo-délirante et le mois prochain il réclamera un voyage d'études aux Seychelles. Et après ? Pour le moment, le seul projet qui me semble concret, c'est les Assises, donc on se concentre là-dessus.

L'air inquiet de Géant Vert me dissuade d'en rajouter.
– Ça va finir comment, à votre avis ?
– Aucune idée. Je me concentre sur les problèmes au jour le jour. Hier, j'ai découvert que mon prédécesseur avait fait contracter à la municipalité des emprunts à taux variable indexé sur des références que je qualifierais d'exotiques ! Je crains donc que ton problème de surfacturation ne soit que la pointe de l'iceberg...

Mardi 18 novembre

9 h 45

Trois quarts d'heure après mon arrivée, Fred a déjà fait téléphoner cinq fois sa secrétaire pour savoir quand Lambron recevrait ses virements. J'ai provisoirement réglé le problème en renvoyant mes appels vers Coconne qui débarque dans mon bureau.
– Elle a encore téléphoné, j'ai dit que vous étiez en réunion, m'explique notre assistante, avant de s'installer confortablement sur une chaise et de me regarder fixement.
– Il y a un problème, Coralie ?
– J'ai pensé à quelque chose.
Mais qu'ai-je fait pour mériter ça ?
– Vraiment ?
– Je trouve qu'on forme une bonne équipe toutes les deux et je suis donc passée chez le médecin pour faire faire mes vaccins. Alors ? Qu'est-ce que vous en dites ?

– Qu'il y a forcément une partie de votre raisonnement qui m'échappe.

Écouter Coconne exposer ses arguments donne l'impression de regarder en boucle un mauvais film d'horreur : on n'y croit pas, mais ça fait quand même peur. Notre assistante a de toute évidence décidé de participer à la virée au Kenya : elle vient de recevoir une première injection contre le méningocoque, a acheté une moustiquaire et est en pleine étude comparative des capsules désinfectantes pour l'eau. Aquatabs lui semble détrôner Hydroclonazone.

– Qu'en pensez-vous ?

– Concernant l'aseptisation, rien, mais au sujet du déplacement, vous savez, peu d'agents vont y participer.

– Mais à l'entretien d'évaluation, M. Baudet m'a demandé quels étaient mes objectifs, et moi j'ai dit que je voulais voyager, proteste-t-elle.

– C'est un objectif partagé par beaucoup de personnes à la mairie, Coralie.

– Peut-être, mais moi, j'ai déjà commencé le traitement antipaludéen !

– Mais les Assises ont lieu dans plus de cinq mois ! Un traitement antipalu se démarre la veille du départ !

Coconne suffoque, indignée :

– Vous dites toujours qu'il faut être prévoyant ! Je travaille dur en ce moment et j'ai droit à des vacances.

Pour Fred et ses hôtes, le terme de « vacances » me semble parfaitement approprié, mais pour les Gentils Organisateurs :

– Croyez-moi, ça va être tout sauf ça.

– Fred m'a montré l'hôtel qu'il a choisi, avec piscine et spa. Il y a même des jacuzzis individuels dans les suites ! Et après les Assises, il va faire un safari. Je veux partir en vacances au Kenya avec vous ! supplie-t-elle.

– Demandez directement à M. Baudet, c'est lui qui décide. Mais arrêtez le traitement antipalu, quand même…

Vendredi 21 novembre

8 h 50

Coconne arrive en courant, bouscule l'aréopage de dindes ramassées autour de la machine à café et s'enferme dans son bureau en claquant la porte, non sans avoir hurlé : « C'est la vente privée Maje, je ne suis là pour personne ! »

– Quel mage ? demande The Gentleman en engouffrant un pain aux raisins, avant qu'une pulsion de bon sens lui fasse revoir ses priorités : Pourriez-vous me dresser un bilan des actions que nous avons menées en Chine ? Et, tant que j'y suis dans les corvées, pourriez-vous recevoir pour moi l'association Luttons ? Ils arrivent à 11 heures et j'ai une vraie réunion que je n'ai pas pu déplacer.

Nos élus pinaillent sur chaque phrase lorsqu'il s'agit d'attribuer une subvention de 1 000 euros à une association plutôt dynamique mais dont le président n'est pas une connaissance particulière du Don. En revanche, ils valident sans hésitation une délibération accordant plusieurs centaines de milliers d'euros à une structure dont les comptes indiquent clairement qu'elle va déposer le bilan avant la fin de l'année, mais dont le P-DG déjeune avec le maire régulièrement.

Pour une fois, le président et les membres d'honneur

de l'association bling-bling ne font pas partie du carnet d'adresses du Don, mais celui-ci en rêve. Son objectif secret ? Poser à leurs côtés et se retrouver dans les pages people des magazines afin de convaincre les électeurs qu'à la manière de Barack Obama soutenu par George Clooney, Matt Damon et Spike Lee, lui aussi côtoie des VIP !

Et pour arriver à ses fins, il dépense sans compter.

Après tout, ce n'est que l'argent du contribuable, donc pourquoi se priver ?

La perspective d'être associé, même de très loin, au monde du showbiz a détruit les dernières bribes de raison du Gang des Chiottards qui a immédiatement proposé au président de verser 50 000 euros à son association dès le mois prochain, tout en balayant les protestations du directeur des finances d'un enthousiaste « la cause défendue par cette association nous est très chère ».

Phrase qui a d'autant plus de poids lorsque l'on sait qu'il serait bien incapable de dire s'il vient de refiler 50 000 euros à une association de protection des loutres de Birmanie ou d'entraide aux personnes souffrant d'hémorroïdes.

Voilà pourquoi, depuis trois jours, Simplet me persécute pour que je trouve une ligne de notre règlement d'intervention autorisant la mairie à subventionner cette association.

Et évidemment, à force de relire ce fichu document, l'haleine de Simplet sur mon échine, j'ai fini par exhumer un paragraphe rédigé en des termes suffisamment flexibles pour justifier le versement d'une subvention à une association ne soutenant absolument aucun intérêt local.

10 h 55

À part oublier systématiquement des Kleenex dans mes poches avant de lancer une machine, j'ai une autre grande spécialité.

Celle de me mettre dans des situations pourries.

Personne mieux que Coconne n'arrive à me permettre d'exprimer ce talent. J'ai beau le savoir, je ne me méfie pas avant d'être engluée jusqu'au cou.

Elle débarque justement dans mon bureau à l'heure où je commence à baisser ma garde pour cause d'hypoglycémie :

– Je veux participer à la réunion avec eux, dites oui !

– Identifiez le « eux » et nous pourrons en discuter.

– Mais les stars, les VIP qui ont créé cette association extraordinaire ! Je les ai vus ce matin sortir du bureau de Fred, je leur ai dit que je les trouvais géniaux et que j'étais fière de travailler dans une mairie qui allait leur donner des sous.

– Coralie…

– Ils sont super gentils et ils m'ont dit qu'ils seraient ra-vis que j'assiste à la réunion. Donc je veux venir les écouter présenter leur action.

– Non.

– Non, répète Michelle qui vient d'arriver. Si c'est pour faire comme avec Lambron, c'est hors de question.

Coconne balaye la remarque par un sobre « c'est pas juste », avant de s'en aller à contrecœur.

Un brouhaha qui se rapproche du bureau me fait tourner la tête :

– Un groupe de retraités visite la mairie ?

Michelle m'écrase le pied et, pendant que je glapis de surprise, m'informe :

– Ce sont les représentants de l'association Luttons.

Super, on va enfin savoir pour quoi ils luttent.

En tout cas, si c'est contre le vieillissement, c'est raté. Je ne sais pas si la caméra ajoute cinq kilos, mais je suis en mesure d'affirmer de manière certaine qu'associée à un éclairage adéquat et à une épaisse couche de maquillage savamment posée, elle enlève une bonne quinzaine d'années.

L'homme devant moi a l'air mort et empaillé.

Quant à la momie qui l'accompagne, elle est en soi une incitation à fuir le Botox et la chirurgie esthétique.

– Mademoiselle Shepard ? demande l'antiquité numéro 1.

– Oui.

– Nous sommes les représentants de l'association que votre maire a gentiment accepté de soutenir, m'informe l'antiquité numéro 2, du ton étouffé que lui permet un visage méchamment figé.

Je hoche la tête et les conduis dans la salle de réunion tout en lançant à Coconne un regard dissuasif afin qu'elle ne vienne pas toutes les deux minutes m'apporter un « papier de la plus haute importance » juste pour le plaisir de revoir « ses amis » de près.

Autant ne pas lui briser ses rêves en lui montrant la transformation de la « star de son enfance » en pilleur de deniers publics.

– Nous avons décidé de reconcentrer notre action, m'apprend avec toute la gravité requise l'antiquité numéro 1.

– C'est-à-dire ? demande perfidement Michelle.

– Nous voulons lutter contre la pauvreté, mais sur le terrain, c'est vraiment difficile, explique l'antiquité numéro 2. Avec la subvention que vous nous avez accordée l'année dernière, nous avons envoyé des experts de renommée in-ter-na-tio-nale creuser des puits en Éthiopie. Malheureusement, la nappe phréatique était à quelques kilomètres de l'endroit où nous avons creusé.

C'est ballot. Je n'ose demander combien nous leur avions gentiment donné pour faire des trous dans le désert.

– Mais les erreurs font progresser. Ce qui nous motive, c'est l'Autre. Aider l'Autre, tel est notre credo.

– Et pour aider l'Autre, vous auriez besoin d'une subvention de 65 000 euros, conclut Michelle pendant que je feuillette leur projet d'organiser un gala costumé dans la galerie des Glaces du château de Versailles.

L'empathie ne s'exprime jamais autant que devant une assiette de macarons Ladurée.

L'antiquité numéro 2 commence à égrener la liste de leurs dépenses obligatoires tandis que son compère étale des prospectus sur la table, me donnant la désagréable impression d'avoir laissé entrer dans mon salon des Témoins de Jéhovah à l'heure de l'apéritif.

Au bout de deux heures de tractations, les sauveurs de l'humanité repartent avec la perspective d'une coquette subvention, non sans avoir promis de nous inviter à leur grand raout anti-pauvreté. Quand vais-je enfin déménager pour cesser de financer de telles aberrations ?

12 h 30

Je me dirige vers la cantine lorsque je me fais coincer par un délégué syndical en crise :

– C'est quoi ce délire ? La mairie n'a pas de thunes pour rémunérer correctement ses agents, mais suffit que ce has-been débarque avec sa pouf et on lui sort chéquier et tapis rouge ?! s'insurge Maurice.

Je soupire lourdement pendant qu'il continue :

– D'abord, comment est-ce possible juridiquement ? Leur association ne présente même pas d'intérêt local !

Tout en évitant soigneusement de préciser l'identité du « on », j'explique à Maurice :

– En grattant bien, « on » a trouvé que les actions qu'elle nous présentait s'inscrivaient dans le cadre de la politique municipale en matière d'environnement, qu'elle était d'intérêt public. Comment êtes-vous déjà au courant ?

– L'assistante de ton boss nous a appelés pour réclamer un coup de pouce syndical : elle voulait qu'on l'aide à vous convaincre de la laisser assister à la réunion. Comme elle est bavarde, il a suffi de la laisser parler.

Coconne me fatigue d'une force…

– Pour nos primes, tu seras ravie d'apprendre que les cerveaux de la mairie ont décidé de prendre le problème à bras-le-corps.

– Non ?

– Mais si ! Ils organisent un arbre de Noël juste avant les vacances.

Évidemment, envisager qu'après huit années sans revalorisation du régime indiciaire des catégories non encadrantes, il serait temps de rehausser les primes à un niveau décent ne leur est pas venu à l'esprit. À la place, ils ont préféré tabler sur *panem et circenses* pour calmer les agents, qui, après s'être enfilé trois petits-fours et avoir entendu le Don leur souhaiter de bonnes fêtes, vont passer de l'ombre à la lumière et réaliser que le maire n'est pas leur patron mais leur ami.

Et qu'il serait totalement déplacé de demander à leur meilleur pote une augmentation pour cette partie de plaisir entre copains dont ils jouissent trente-cinq heures par semaine.

Sauf que, pour le moment, Maurice est carrément dans l'ombre :

– Une fête financée avec le fric qu'il nous doit ? Ils se foutent de notre gueule ! Même en remplissant dix Tupperware de bouffe et en embarquant trois bouteilles, je n'arrive pas au cinquième de l'augmentation mensuelle qu'ils se sont octroyée ! Et tu veux savoir le plus beau ? Notre grand directeur des services nous a dit qu'il envisageait très sérieusement de mettre en place un « Groupe de travail ».

Ah, s'il envisage de mettre en place un « Groupe de travail », ça change effectivement tout.

Décembre

Bad Day(s) ?

Le pire, c'est quand le pire commence à empirer.

Quino, *Mafalda*

Jeudi 4 décembre

9 h 30

The Gentleman passe une tête inquiète dans mon bureau :

– Je viens de lire votre note concernant la subvention destinée à l'association Luttons. « Avis défavorable » ? À ce point ?

– Leur numéro de claquettes n'était vraiment pas convaincant. Cela dit, la subvention passera quand même, mais au moins, je retarde son versement de quelques mois ! Concernant le bilan de notre action en Chine, quel calibrage souhaiteriez-vous ?

– Une dizaine de pages.

– Dix pages ? Sur notre action en Chine ? Double interligne alors, et avec des photos...

– Est-ce qu'il y a un seul dossier qui marche bien ici ?

– Pas que je sache.

– Faites au mieux pour la note, répond-il d'un air

las, avant de repartir dans son antre, le dos courbé sous le poids de ces révélations.

Dresser un bilan nécessite d'avoir accompli des actions suffisamment abouties pour mettre leurs résultats en valeur.

Je décide d'aller récupérer chez Michelle les états de service de notre Volontaire Internationale en Entreprise, alias la « candidate parfaite » selon Alix, qui l'a recrutée quelques mois auparavant parce que *justement* elle ne parle pas chinois.

Ce qui est évidemment un avantage incontestable lorsqu'on travaille en Chine, comme chacun sait.

Je retrouve l'assistante de Simplet, à quatre pattes dans son bureau, en train de tenter de ranger les piles de dossiers – non traités – de son supérieur.

– Je suis désolée de vous déranger, mais sauriez-vous où je pourrais récupérer les rapports d'activité de notre antenne au Jilin ?

– Des rapports d'activité sur la Chine ? Je n'en ai pas vu passer, m'annonce Michelle.

– Cela fait six mois que la VIE est partie et elle devait nous rendre un rapport d'activité tous les deux mois, il doit bien en avoir au moins un, non ?

De toute évidence, non, comme me l'apprend Michelle, qui ajoute :

– Je suis en train de classer les dossiers de 2005, donc reviens dans deux jours pour ceux de 2007 ou, mieux, téléphone-lui, ce sera plus rapide !

10 h 15

Je compulse rapidement le dossier de partenariat entre notre mairie et celle de Changchun et décide d'appeler notre agent en Chine. La sœur de la meilleure amie d'Alix décroche à la douzième sonnerie.

– Mademoiselle Trumont ? Bonjour, Zoé Shepard de la DIE. Si cela vous convient, j'aimerais faire un bilan de votre activité à la tête de notre antenne. Avant que je n'oublie, auriez-vous des documents à me transmettre afin que je puisse me faire une idée de ce que vous avez fait sur place ?

– Je peux vous envoyer le rapport d'activité de l'antenne économique de la mairie à Changchun, propose-t-elle.

Incroyable ! Je devrais vraiment arrêter de toujours m'attendre au pire.

Effectivement, je reçois très vite son mail. Je télécharge le fichier joint, l'ouvre, secoue la tête, le télécharge à nouveau avant de demander :

– Pouvez-vous me renvoyer votre rapport d'activité ? Il me semble que celui que j'ai reçu est incomplet…

– J'ai préféré faire court, c'est plus lisible.

Une demi-page, corps 16, interligne double, c'est effectivement on ne peut plus lisible.

– Êtes-vous en train de me dire qu'en six mois, vous n'avez assisté qu'à une seule réunion… avec le directeur de la mission économique de France en Chine et son assistante ?

– Je travaille à prendre des contacts. L'affaire suit son cours, lâche-t-elle doctement.

Sans elle, bien sûr, et avec un accostage prévu pour 2050. Je suis ravie de l'apprendre, mais peut-être pourrait-elle la suivre plus rapidement ?

– Ce n'est pas ma faute, se défend-elle. Tout le monde parle tellement bizarrement ici.

– Pas bizarrement, non. Je crois que l'expression que vous cherchez est « Tout le monde parle chinois ».

– Peut-être, concède-t-elle.

Peut-être ? !

– Toujours est-il que personne ne parle anglais, reprend-elle aigrement.

Elle non plus de toute façon. Je ne vois pas en quoi cela pose problème.

– Votre patron m'a engagée car il était convaincu de mes capacités à gérer cette antenne, rappelle-t-elle.

Conviction foireuse, comme d'habitude. L'aptitude de Simplet à poser sur la réalité des diagnostics incroyablement erronés m'épate. En médecine, ce type serait un serial killer.

– Sans compter que sa conseillère m'a chaudement recommandée et qu'il n'a pas hésité alors à me faire confiance, rajoute-t-elle.

– C'est précisément ce qui m'inquiète, mademoiselle Trumont.

– De toute façon, je ne vois même pas pourquoi vous me téléphonez, étant donné que ce n'est plus vous qui gérez le dossier Chine, insiste-t-elle.

– Je vous demande pardon ?

– Et laissez-moi vous dire que j'en suis ravie. Je me considère comme une facilitatrice en charge de l'évolutivité de cette antenne. Vous ne semblez pas comprendre qu'il faut laisser du temps au temps, conclut-elle avant de me raccrocher au nez.

Jeudi 4 décembre

11 heures

Évidemment, le bureau de mon boss est vide. Prêt à tout pour s'aérer, Simplet est toujours le premier à s'inscrire à toutes les réunions « à l'extérieur », réussissant l'exploit de partir avec une demi-heure d'avance et d'arriver invariablement en retard.

– Il est pas là, claironne Coconne, de son bureau.

Plus une information est inutile, plus elle se propage rapidement. La vitesse de la lumière, c'est peanuts à côté. En grande ragoteuse devant l'Éternel, Coconne est toujours au courant de tout ce qui ne sert à rien.

J'entre dans son bureau au moment où elle regarde d'un air las le téléphone qui sonne :

– Vous ne décrochez pas ?

Coconne ajoute une sucrette dans son breuvage avant de secouer la tête, sans même se donner la peine de paraître navrée.

– Ben, non. Je réponds plus au téléphone.

– Y a-t-il une raison particulière ?

– Vous savez pas ? rétorque-t-elle, offusquée que je ne sois pas au courant. Je me suis disputée avec l'assistante de Fred, je lui parle plus.

– J'ai un peu de mal à voir le rapport. Sans compter que je croyais que vous étiez amies...

Coconne secoue la tête devant tant d'incompréhension de ma part.

– C'est incroyable que vous ne soyez pas au courant ! déplore-t-elle.

Effectivement, je viens d'apprendre, via la sœur de la meilleure amie d'Alix, que le dossier que je gère depuis plus d'un an m'a été retiré, il est étonnant que je ne me tienne pas plus au fait de la vie sociale de Coconne.

– Je ne lui parlerai plus jamais, conclut-elle avec emphase. Et comme l'autre jour, elle m'a téléphoné en numéro privé, je ne répondrai plus jamais au téléphone.

Voilà qui devrait grandement améliorer la performance de notre direction.

– Vous ne devinerez jamais ce qu'elle a osé me dire.

Je ne suis pas sûre de vouloir le savoir.

– Elle m'a traitée..., insiste Coconne. Elle m'a dit que j'étais pas très futée.

Ça, c'est moche.

– Elle a tort, de toute évidence. Avez-vous entendu parler du dossier Chine, récemment ?

Coconne plisse le front, tord la bouche, agite ses mains : elle n'est pas prise d'une crise de Tourette, elle pense.

– Mmmhhh, non, finit-elle par accoucher. Pourquoi ?

– Pour rien. Savez-vous quand M. Baudet sera de retour ?

– Mmmhhh, non.

Lundi 8 décembre

10 h 30

Simplet m'évite, c'est officiel : alors qu'il vient de se voir octroyer le dernier BlackBerry tactile et qu'il patrouille dans les couloirs à la recherche d'une âme désœuvrée qu'il pourrait distraire en exhibant les fonctionnalités de son nouveau gadget, il s'engouffre dans les toilettes les plus proches dès qu'il m'aperçoit. Il préfère se cogner dans une Coconne furieuse de ne pas avoir été sélectionnée parmi les heureux gagnants du voyage tous frais payés au Club Med Nairobi-Assises que de m'approcher à moins de trois mètres.

L'heure est grave.

14 heures

Si mes premières rencontres avec Garance, la créature chargée de nous aider à mieux communiquer, m'avaient laissé quelques doutes sur leur haut degré de pénibilité, les suivantes les balayent définitivement. Car la Schtroumpfette a une idée arrêtée sur à peu près toutes les choses qui ne m'intéressent pas. Au premier rang : l'aménagement de mon bureau, déclaré, après une minutieuse inspection de mon huit mètres carrés, « beaucoup trop impersonnel » pour pouvoir m'épanouir et surtout travailler correctement.

Ça tombe bien, ce n'est pas ce que l'on me demande.

– Un bureau doit être un endroit où tu te sens bien. C'est un deuxième petit chez-soi, tu devrais réfléchir à une manière de l'aménager, m'a-t-elle martelé en me tendant un catalogue Ikea.

Telle une croisée des temps administratifs modernes, la Schtroumpfette décide donc de me convertir à sa cause, non sans tester au préalable ses techniques d'usure sur Coconne qui débarque, excédée, dans mon antre impersonnel.

– Garance m'a obligée à décorer mon bureau avec des photos de chiens que je connais même pas, m'apprend-elle, outrée. Et demain, elle veut qu'on aille entre midi et deux acheter un fuca, à la pépinière.

– Un fuca ?

– Une plante tropicale hyper-résistante, explique Coconne.

– Un ficus. Fuca, c'est les dragées laxatives.

– Le quoi ?

– Aucune importance.

– Et en plus, elle a mis plein de photos de ses enfants dans son bureau et ils sont pas beaux du tout, déclare Coconne qui ne prend même pas la peine de dissimuler la satisfaction que ce constat lui a apportée. Venez voir, si vous me croyez pas.

Pour avoir vu, je la crois et partage largement son avis.

Le bureau de la Schtroumpfette est un autel dédié au culte de ses moutards, son principal sujet de conversation, et à ses grossesses. Alors qu'on ne lui demande rien et aux moments les moins bien choisis, elle pose la main sur son ventre et s'exclame, les yeux roulottés d'amour : « L'accouchement a été le plus beau moment de ma vie. »

Personnellement, deux minutes passées à l'écouter décrire les différents modèles de soutiens-gorge d'allaitement me donnent envie de courir me faire ligaturer les trompes.

La Schtroumpfette n'hésite pas à se lancer dans des débats enflammés sur l'avantage des tétines à trois vitesses censées améliorer la digestion du mouflet et limiter les gaz. Cela lui vaut en général un regard horrifié des éléments mâles du service, mais de toute évidence, notre nouvelle chargée de communication n'est pas très calée pour évaluer les réactions de son public.

– Elle est partie à la réunion de suivi des Assises, son bureau est vide, vous voulez vraiment pas voir les nouvelles photos qu'elle a collées ? m'implore Coconne.

– Comment ça, elle est partie à la réunion de suivi des Assises ? Mais c'est à 15 heures !

– Non, ça a été avancé d'une heure.

– Et vous n'avez pas cru bon de m'en informer… parce que… ?

– M. Baudet a dit qu'il s'en chargeait, réplique Coconne, indignée, avant de préciser : Moi, je voulais vous le dire et il a dit non.

14 h 45

– Eh bien, c'est pas trop tôt ! Mademoiselle Shepard daigne nous faire l'aumône de sa présence, claironne Alix en prenant les participants à témoin.

Lorsqu'elle veut mettre quelqu'un plus bas que terre, elle s'arrange toujours pour que ce soit en public, ça la stimule.

– Décidément, tu es toujours en retard, enchaîne Simplet, tout content de rajouter sa pierre à l'édifice.

Je m'installe entre Géant Vert et The Gentleman :

– Tout particulièrement lorsque l'on ne me prévient pas d'un changement d'horaire.

Alix me décoche son regard à la Jeanne d'Arc. Celui qui intime l'ordre de poser le bidon d'essence et les allumettes, sous peine de sanglantes représailles.

– Il faut *timer* les interventions, déclare Alix.

– *Timer* les interventions, confirme Simplet, utilisant sa stratégie de communication préférée : répéter les derniers mots d'Alix en prenant soin d'infléchir sa voix vers le haut.

The Gentleman pousse discrètement l'ordre du jour vers moi. Les interventions à *timer* aujourd'hui sont celles des participants à l'atelier présidé par Fred, qui, dans sa grande modestie, a décidé de décentraliser le Copil dans notre mairie, Paris étant beaucoup trop commun pour lui.

– Je pense évidemment à une matinée plutôt introductive, un début d'après-midi d'échanges et une fin d'après-midi de conclusion, expose Communicator avant de se renfoncer dans son siège, visiblement épuisé après ce qui doit constituer pour lui un effort intellectuel majeur.

– C'est tellement excitant ! ponctue la Schtroumpfette en gloussant.

– Excellent, approuve Alix. Et le moment fort de la conclusion sera évidemment, à partir de 15 heures, le discours de monsieur le maire, de Fred et du président du Comité de pilotage des Assises. Je vois ça comme une répétition générale de l'atelier que nous animerons à Nairobi début avril. Tout le monde est d'accord ? demande-t-elle en avisant chaque participant d'un air tellement avenant qu'il dissuade immédiatement toute velléité d'opinion dissidente.

Une montée en puissance avec comme acmé une déclaration du Don ne présage rien de bon, mais de toute évidence, Simplet ne partage pas mon opinion :

– Oui, s'enthousiasme-t-il. Les trois discours doivent absolument se succéder.

– Non, rétorque Communicator, jamais nous ne pourrons caser trois interventions en une heure.

– Effectivement, réfléchit Alix. Nous pourrions demander au président du Copil de parler au début de la cérémonie.

– Non, rétorque Fred. Je suis président de l'atelier, je veux parler en premier !

– Les trois discours pourraient s'enchaîner, propose diplomatiquement The Gentleman.

– Tant que le mien est en premier, faites ce que vous voulez, déclare généreusement Fred.

– Et la question du tapis rouge ? commence Communicator. Parce que si on y réfléchit bien…

Je décide de couper court à cette discussion de haut niveau :

– Que proposez-vous au niveau du contenu des discours et de la trame de l'atelier ? Parce que la note que j'ai rendue n'a pas eu de réponse…

– Zoé, déjà tu te permets d'arriver en retard, alors n'oublie pas en plus que c'est moi qui m'occupe personnellement du maire, rétorque aigrement Alix. L'œil Cabinet, c'est moi, d'accord ?

Loin de moi l'idée de revendiquer un « œil Cabinet », pas de souci.

– Hé, moi aussi ! proteste Communicator qu'Alix calme d'un « oui, oui, c'est ça » condescendant.

– Très bien. Donc, concernant la trame de l'atelier…

– Max et moi avons travaillé dessus, mais c'est encore à l'état de proposition, avance Alix.

– Oui, je crois que ça reste à construire, renchérit Communicator en lançant son PowerPoint.

Effectivement, il n'a pas menti : *ça* reste à construire.

The Gentleman regarde Alix d'un air sceptique :

– Est-ce que nos élus vont vraiment réussir à dire des choses sur… enfin, sur le développement durable et la solidarité climatique ? demande-t-il d'un air inquiet.

– La question que vous vous posez, c'est celle de la redondance des modules ? interroge Communicator, pendant que Simplet hoche la tête d'un air entendu.

The Gentleman plisse les yeux comme s'il venait de débarquer sur une autre planète.

– Pas vraiment, non…

– Les intervenants doivent être des gens qui choquent, déclare Alix doctement en appuyant ses dires d'un pianotage nerveux sur son BlackBerry. Les discours doivent être pédagogiques. Les Africains sont intéressés par le développement durable solidaire, mais, malheureusement, ils n'y connaissent pas grand-chose…

Ils seront donc en parfaite communion avec les organisateurs de cette petite réunion.

– Ils vont être épatés. Je crois qu'il y a de vraies compétences, claironne Simplet.

Possible, mais où ?

– Dans la note que je vous ai préparée, avance The Gentleman, vous trouverez une analyse du projet mis en œuvre par le Service de l'Exploitation Forestière du Kenya pour améliorer la gestion des ressources naturelles et la préservation de la biodiversité. En parler dans votre discours montrerait qu'on s'intéresse aux bonnes pratiques du pays d'accueil de ces Assises.

De toute évidence, il n'a pas encore saisi un concept clé : une réunion mal commencée est une réunion irrémédiablement ratée. Il est impossible de remettre Simplet et consorts sur le droit chemin une fois qu'ils s'en sont à ce point écartés.

The Gentleman prend l'air ahuri d'Alix pour un encouragement à développer son argument et commence à expliquer comment ce projet englobe des réalisations aussi variées que la réhabilitation des collines dégradées, le reboisement de la forêt du mont Kenya ou la protection des rives du fleuve Tana.

– Oui, enfin, la question la plus importante, c'est ce qui différencie le Français de l'Africain, l'interrompt Simplet.

The Gentleman fronce les sourcils.

– Au niveau du développement durable ?

– Non, en général. Et la réponse, c'est rien, en vérité, déclare Simplet. Je pense que tout le monde est d'accord autour de cette table.

The Gentleman manque de s'étrangler pendant que je suggère :

– Ce qui les différencie ? La culture, l'histoire, la géographie, les enjeux auxquels ils sont confrontés... Ils n'ont pas grand-chose en commun, à vrai dire.

– Non, justement, c'est là où tu te trompes encore une fois, se rengorge Alix. Les Africains sont exactement comme nous !

– Sauf qu'ils sont noirs, rajoute Simplet.

Un râle m'informe que The Gentleman est officiellement à bout. En face de nous, Communicator se nettoie les dents pensivement avec son bouchon de stylo, avant de se tourner vers Simplet :

– Zoé a peut-être un peu raison. Ils ne sont pas tout à fait pareils, concède-t-il.

– Quoi qu'il en soit, coupe Alix, le plus important est de nous concentrer sur l'accueil des participants.

Sans accorder un regard à Communicator qui se cabre d'indignation à l'idée de devoir travailler, elle jette au milieu de la table un document pompeusement intitulé « Premier comité de pilotage de l'atelier numéro 1 : calibrage budgétaire », et annonce :

– Ce Copil doit rester dans les annales !

– Il le restera : ce n'est pas une trace que vous allez laisser mais un gouffre financier, réplique Géant Vert en entourant une série de chiffres, avant d'expliquer pourquoi il est impossible de faire installer des jets d'eau, des mini-lacs et un jardin japonais sur le parvis de la mairie avec le budget prévu.

– Il ne faudrait pas qu'on prête le flanc à d'éventuelles critiques, proteste Communicator.

– Il ne faudrait pas que vous explosiez le budget !

Notre directeur des finances a à peine achevé sa démonstration que Simplet se lance dans une tirade sur l'importance d'installer des éclairages indirects aux couleurs du drapeau kényan sur le lac reconstitué devant la mairie.

– Vous comprenez quand je vous parle ? interroge Géant Vert, perplexe.

– Thomas, si tu m'interromps toutes les cinq minutes, je vais perdre le fil de mon idée, proteste Simplet.

– 4 000 euros pour les pauses café ? reprend Géant Vert. Vous nous facturez l'aller-retour en Colombie ?

– C'est du café bio et équitable, rétorque aigrement Alix.

– Rassurez-moi, à ce prix-là, les petites cuillères en argent sont offertes avec ?! Vous vous débrouillez comme vous voulez, mais vous me divisez la facture par trois ! ordonne Géant Vert.

– Et comment fait-on ?

– Je ne veux même pas le savoir ! Vous n'avez qu'à commander pour vingt personnes et diluer avec de l'eau pour en servir soixante ! C'est une réunion de travail, pas un gala international, que je sache !

L'exaspération de notre directeur financier ne suffit pas à décourager Fred, qui enchaîne :

– Pour les hôtels des VIP...

– Pour quelles obscures raisons voulez-vous réserver des chambres d'hôtel ? La réunion débute à 9 heures et s'achève à 17 heures. Si vous voulez qu'ils dorment sur place, vous n'avez qu'à organiser une soirée-pyjama chez vous, mais il est hors de question que la mairie finance quelque hébergement que ce soit, décrète Géant Vert qui se lève et quitte la pièce en claquant la porte.

– Il commence à me gonfler, le comptable ! s'énerve Fred en se grattant nerveusement le nez avec la spirale du calibrage budgétaire.

– Monsieur Baudet, je souhaiterais vous parler du dossier Chine qui, de toute évidence, m'a été retiré sans que...

– Ça suffit, me coupe Alix. Tu te permets d'arriver en retard, donc tu ne vas pas en plus nous harceler avec tes problèmes existentiels ! conclut-elle avant d'entraîner Simplet vers son bureau.

Jeudi 11 décembre

10 h 55

The Gentleman arrive dans mon bureau et me tend un document signé d'Alix et de Communicator :

– C'est curieusement intelligent. La trame de l'atelier est pertinente, les parties s'enchaînent avec logique. Il y a un truc, décide-t-il.

Au moment où je commence à ouvrir le dossier, Coconne débarque, extatique :

– J'ai été nommée responsable des fournitures !

– Félicitations, Coralie ! C'est super.

– Je l'ai appris hier, demandez-moi quelque chose, insiste-t-elle en nous traînant dans son bureau. Vous voulez quoi ?

– Discuter avec Mlle Shepard d'un dossier important et urgent.

Devant l'air affligé de notre assistante, je me dépêche de nous inventer des besoins :

– M. Davies a besoin de stylos. Et moi… de dossiers suspendus.

Elle dégaine le guide des marchés publics de la collectivité et l'ouvre à la page « Commande de fournitures de bureau » avec un zèle que je ne lui soupçonnais pas.

– Quels types de stylos exactement ? demande-t-elle d'un ton inquisiteur en fixant The Gentleman pardessus ses lunettes.

– Des feutres à pointe fine et des surligneurs, se lance-t-il, dubitatif.

– Votre commande sera effectuée dans le cadre du

marché que nous avons passé en procédure adaptée, en application de l'article 28 du décret du 1er août 2006 modifié par celui du 19 décembre 2008 et de l'article 77 relatif aux marchés à bons de commande du *Code des marchés publics* du décret du 1er août 2006 modifié par le décret de février, je pourrais vous retrouver la date précise, lit-elle avec application tandis que mes yeux et ceux de mon chef s'écarquillent de conserve.

En la nommant responsable des fournitures de la Direction Internationale et Européenne, les ressources humaines ont créé un monstre.

– Je..., commence The Gentleman, apparemment destabilisé. Ce ne sera pas nécessaire, Coralie. Mais j'ai tout de même une question. Si nous avions vraiment besoin de ces fournitures, quand les récupérerions-nous ?

Coconne le toise d'un air ébahi et manque de s'étrangler d'indignation :

– Ah, ben, ça, aucune idée, moi, je suis pas voyante ! D'abord, il faut cocher les cases, explique-t-elle, avant de sortir un épais catalogue débordant d'armoires à portes coulissantes/battantes et de tables modulaires sans lesquelles il n'est pas de vie administrative possible.

The Gentleman coche quelques cases au hasard puis relève soudain la tête :

– Dans l'armoire qui est juste derrière vous, ne resterait-il pas des stylos et des dossiers ?

– Ben si, pourquoi ?

– Parce que, s'il vous en reste, peut-être pourriez-vous nous les donner, dans ce cas, avance The Gentleman, manifestement troublé par la tournure que prend ce qu'il pensait être une simple formalité.

– Ah, non, la procédure, c'est la procédure, déclare Coconne avant de tendre vers moi un index accusateur et d'ajouter : C'est vous qui dites tout le temps qu'on doit respecter les textes.

Bien joué.

11 h 20

– Vous direz tout ce que vous voudrez, mais il y a un vrai problème dans ce service, constate The Gentleman en me raccompagnant dans mon bureau. M. Mayer converse avec une vache en céramique et un agent nous invite à jouer aux marchés de fournitures…

Estimons-nous effectivement heureux qu'un tel comportement soit circonscrit. Je m'installe et commence à feuilleter le document d'Alix.

– Mais c'est mon document préparatoire, c'est moi qui l'ai rédigé !

– Comment cela se fait-il qu'elle ait repris votre document sans vous le dire ? s'étonne mon directeur.

Parfois, afin d'arrêter de lécher à blanc le cul de l'auguste Don, les conseillers du Cabinet récupèrent les dossiers des services, y apposent leur nom et vont porter le fruit de leur labeur au Parrain.

Voici comment, au-delà de mes extraordinaires fonctions de chargée de mission poubelle, j'ai désormais l'immense privilège d'être nègre du Cabinet.

Sans doute pour que je ne défaille pas de joie face à cet immense honneur, Alix a préféré ne rien me dire. Tant de prévenance me touche énormément : la grosse tête est si vite arrivée.

11 h 30

Le temps de passer à l'offensive est venu. Je plante The Gentleman et cavale dans le bureau de Simplet. Avant qu'il ait pu protester, j'attaque d'entrée :

– Comment cela se fait-il que mon nom ait été effacé du dossier « Assises » et remplacé par celui d'Alix ?

Peu habitué à ce genre d'attaque directe, Simplet rentre la tête dans les épaules puis se ressaisit :

– Tu n'es que chargée de mission, c'est normal que tu ne sois pas visible ! Et ils sont débordés au Cab, ce qui, évidemment, est quelque chose que tu ne peux pas comprendre !

– Ils n'avaient pas l'air si débordés que ça lorsque j'ai récupéré les dossiers, avance Coconne, pas mécontente de mettre un peu d'huile sur le feu.

– Mais si, proteste mollement Simplet.

– Et le dossier Chine ? Puis-je savoir pourquoi il m'a été retiré ?

– Tu le sais très bien et je n'ai pas à discuter avec toi de mes choix, déclare Simplet avant de me claquer la porte au nez.

Lundi 15 décembre

10 h 15

Coconne me regarde fouiller dans mon courrier tout en remuant, au bord de la léthargie, une cuillère dans son énième café de la journée, sans doute destiné à lui donner l'énergie nécessaire à me regarder m'agiter.

– Savez-vous pourquoi mon courrier m'arrive systématiquement ouvert ?

– Ben, parce que je l'ouvre, me répond-elle en défaisant un sachet de petits-beurre qui explose sur mon bureau.

– Et puis-je vous demander pourquoi vous ouvrez *mon* courrier ?

Tout en ramassant les miettes de ses biscuits, notre assistante m'annonce qu'elle est désormais chargée d'une mission de haute importance : me surveiller.

– Ça va ? demande The Gentleman qui vient d'entrer dans le bureau en me tendant le dossier préparatoire au Comité de pilotage.

– Coralie est désormais en charge de la censure de mon courrier. Tout va bien.

– Je suis désolé pour vous, souffle-t-il. Sur un autre plan, je crois que M. Baudet a fait une bêtise.

L'inverse serait inquiétant. J'ose à peine demander de quoi il s'agit cette fois.

– Voilà. Il a envoyé par mail plus de deux cents invitations au premier Copil de l'atelier présidé par Fred. On va exploser le budget. Le directeur des finances est furieux.

– Est-on sûr que ces mails aient bien été reçus ?

The Gentleman me regarde, suffoqué :

– Vous ne sous-entendez tout de même pas que M. Baudet est incapable d'envoyer correctement un mail ?

Il y a eu des précédents.

– Je vais demander à Michelle de vérifier directement sur sa boîte. Elle a le mot de passe de Baudet.

Alors que je me coule discrètement dans le bureau de Michelle pour lui demander de m'ouvrir la boîte mail de notre boss, Simplet m'interpelle d'un sec :

– Qu'est-ce que tu fais là ?

– J'aurais besoin d'éclaircissements sur les invitations que vous avez envoyées par mail

– Justement, à propos de ça, je ne comprends pas, ils me sont tous revenus avec des livres fêlés.

S'il est bien quelque chose de fêlé ici, je doute que ce soient des livres.

– Pardon ?

– Le message d'erreur qui indique que les mails ne sont pas parvenus à leurs destinataires.

Oh… « Delivery failed »…

Yes ! Delivery failed !

14 h 05

Michelle débarque dans mon bureau au trente-sixième dessous.

– Je viens d'avoir Thomas au téléphone. Il y a le feu !

– Où ?

– C'est une métaphore, précise-t-elle.

Je m'en doute.

– La note que tu lui as rendue a eu plus d'impact que prévu !

– Comment savez-vous que j'ai rendu une note à Géant Vert ?

– Tu ne t'es pas demandé pourquoi on t'avait retiré le dossier Chine ?

– Vous voulez dire qu'ils m'ont retiré le dossier Chine et fait arriver en retard à une réunion parce que j'ai rédigé une note que Simplet a, soit dit en passant, paraphée ?

– Alix a demandé à Grand Chef Sioux de te virer ! Elle est furieuse.

– Je suis titulaire de mon poste, donc invirable. Et ça lui passera.

– Pas dans l'immédiat, elle était très remontée. Tu devrais aller au conseil.

14 h 15

Je cavale jusqu'à l'amphithéâtre où se tient le conseil municipal et me glisse sur un siège à côté duquel, bercé par la diction monocorde du maire, Léon, un intermittent de la DIE, respire lourdement, bouche ouverte, roupillant du sommeil du juste fonctionnaire.

Les fées de l'éloquence ne se sont pas penchées sur le berceau du Don. Peut-être lui ont-elles jeté un coup d'œil avant de se mettre à ricaner avec les fées de l'éthique et de la probité, décidant de conserve qu'elles n'allaient pas gaspiller leur temps et leur énergie pour ce type qui, même dans ses langes, avait l'air irrécupérable.

Depuis deux ans que je fréquente régulièrement les bancs du conseil municipal, je n'arrive pas à décider si l'immobilité totale de notre maire, lorsqu'il lit les délibérations, est le signe d'un self-control parfait ou la preuve d'un désintérêt absolu vis-à-vis des dossiers qu'il présente.

– Considérant que le véhicule de service de l'adjoint en charge du protocole acheté en 2006 a été victime d'une panne, ânonne-t-il. Considérant que l'expert désigné a déclaré ce véhicule irréparable et a estimé sa valeur de remplacement à 25 000 euros. Considérant qu'il y a urgence pour l'adjoint en charge du protocole de pouvoir disposer d'un véhicule de service réunissant les caractéristiques requises pour un véhicule de représentation et qu'un véhicule répondant à ces critères est proposé à la mairie pour un montant de 79 990 euros, après en avoir délibéré, le conseil municipal décide…

– 80 000 euros pour une bagnole ? coasse Léon que le montant de la voiture de remplacement de Fred a tiré de sa sieste. Et l'autre ?

– Fred l'a encastrée dans une étable en rentrant bourré d'une soirée.

– Et il n'a rien eu ?

– Non.

– Putains d'airbags, peste Léon. Tu es là pour quel dossier ?

– Les Assises.

– C'est celles pour lesquelles tu as rédigé la fameuse note à Géant Vert ?

Je n'ai pas le temps de demander à Léon comment il est au courant de la Grande Crise de la Note, que Fred commence à s'agiter comme un sémaphore. Lors des conseils municipaux, les agents de la mairie sont généralement dans la salle pour rencarder l'élu qui n'a pas ouvert le dossier et doit faire face aux questions de l'opposition. Directeurs et agents s'entassent donc à tour de rôle sur des chaises, à un mètre des élus, au fur et à mesure que les délibérations sont votées.

Je descends et m'installe à côté de Géant Vert, qui traduit à Fred la diatribe de l'opposition, occupée à souligner la particularité des directeurs de se nourrir uniquement s'ils peuvent faire passer la facture sur les frais de la mairie.

– Il faudrait penser à changer de restaurant. Juridiquement, on est à la limite de l'aide directe à une entreprise, chuchote notre directeur des finances.

Notre élu s'insurge. Ce restaurant offre la meilleure carte de la ville et il ne voit pas pourquoi il devrait modifier ses habitudes. L'aura du suffrage universel lui a donné la certitude qu'il lui suffit de claquer des doigts pour que soient exécutées ses moindres exigences.

– Votre budget de fonctionnement est en augmentation constante depuis dix ans. Vous avez instauré une culture de la dépense publique avec des embauches à la pelle, martèle l'élu de l'opposition. Résultat, vous êtes obligés d'avoir recours à une hausse de la fiscalité.

Un silence et l'élu repart à l'attaque.

– Nous ne prenons pas part au vote, n'ayant pas les éléments nécessaires. Néanmoins, nous ne pouvons que nous étonner de voir que vous avez choisi de récompenser une infime minorité de vos agents, pendant que le plus grand nombre voit son salaire stagner.

– Mais quelle bande de connards frustrés ! s'énerve Fred avant de faire claquer ses doigts pour que je me rapproche de lui. La délib Lambron a été bloquée, alors je te le redis : tu as intérêt à arrêter tes conneries et fissa ! Je te rappelle qu'on part dans moins de quatre mois !

– Écoutez, j'ai bien réfléchi et en rédigeant un cahier des charges...

– Mais tu m'emmerdes avec ton cahier des charges ! Et tu n'es pas là pour réfléchir, mais pour exécuter ! grince-t-il tout en gardant une expression souriante destinée à la presse locale. Baisse-toi, nous sommes filmés et je refuse que tu apparaisses à l'écran, ordonne-t-il.

Fred, le jour où je m'accroupirai devant toi n'est pas près d'arriver.

Mercredi 17 décembre

9 h 10

Une journée à la mairie est une journée qui commence par la lecture des innombrables mails qui s'entassent. Depuis la Grande Crise de la Note, mon nom a progressivement disparu des mailing-lists invitant les cadres à de révolutionnaires brainstormings ou d'innovantes réunions de suivi. J'épluche donc les newsletters avec l'attention qui s'impose, parcours les mails coconniens et leur profusion de PowerPoint enthousiastes aux vieux relents de secte, avant de passer aux choses sérieuses : aller sur Facebook.

Internet Explorer ne peut pas afficher cette page web. Cause la plus probable : vous n'êtes pas connecté à internet.

Première nouvelle. Je compose les trois chiffres destinés à me mettre en relation avec le service informatique et tombe sur l'un des chargés de mission.

– Bonjour, c'est Zoé Shépard de la DIE, je n'arrive plus à me connecter sur internet.

– Nous ne sommes plus en charge de la maintenance. Cette compétence a été externalisée vers un cabinet indépendant.

– Le service informatique a été dissous ?

– Non, pourquoi ? rétorque, étonné, le chargé de mission à qui l'on a retiré sa seule mission, mais qui, de toute évidence, continue d'être rémunéré pour jouer à *World of Warcraft* sans que cela lui pose le moindre problème de conscience.

Je compose le numéro des nouveaux cadors en charge de l'informatique.

– Tous nos conseillers sont actuellement en ligne, merci de renouveler votre appel ultérieurement.

Comment ça, « tous nos conseillers sont actuellement en ligne » ? ! Il est 9 heures du mat !

J'appuie sur la touche bis frénétiquement.

– Tous nos conseillers sont actuellement en ligne. Votre temps d'attente est estimé à trente minutes, m'informe la même voix.

L'enfer, ce n'est pas les autres. Non, l'enfer, c'est d'essayer de joindre les autres en subissant pendant plus de trente minutes *L'Aziza* à la flûte de pan. Au bout d'une demi-heure de souffrance auditive à lire mes spams et découvrir en bloc qu'un riche Africain m'a choisie comme unique héritière et que mon pénis peut tripler de taille si j'insère mon numéro de carte bleue, une voix lasse me répond :

– Technicien Ama à votre service, vous pouvez m'appeler Tech Ama. Que puis-je faire pour vous ?

– Je n'arrive plus à me connecter à internet. Une icône en bas à droite du bureau m'indique que la connexion est indisponible.

– Vous avez vérifié que tous les câbles étaient correctement branchés ?

Non, j'ai préféré vous appeler et écouter une version massacrée de Balavoine pendant une demi-heure. Ça me paraissait une meilleure gestion de mon temps.

– Oui, et au cas où vous vous poseriez la question, l'électricité fonctionne, l'ordinateur marche, les câbles sont branchés, l'intranet et les mails internes passent, le problème, c'est internet.

– Vous avez essayé de faire risette ? m'interroge Tech Ama.

– Risette ?

– Oui, risette. Vous aviez appuyé sur le bouton ?

– Ah… le bouton « Reset »… nous sommes en réseau et mes collègues ne sont pas dans le couloir à râler que leur journée est fichue, donc ils peuvent se connecter.

– Pouvez-vous me donner votre nom et votre numéro de poste ?

Je m'exécute, entends quelques cliquetis fébriles mêlés au souffle de Tech Ama dans le combiné.

– L'accès à votre connexion a été restreint, à la demande de votre supérieur. Je suis désolé, mais je ne peux rien faire pour vous.

9 h 55

Je réussis à coincer Simplet dans le bureau de Michelle.

– J'entre en réunion, balbutie-t-il.

– Vous savez quoi ? On va y entrer ensemble. Ça nous permettra d'aborder une série d'items clivants allant des dossiers qui me sont retirés à la restriction de ma connexion internet…

Michelle pouffe, avant de se recomposer un air sérieux et de feuilleter un dossier.

– Je préfère y aller seul, geint Simplet en prenant un soin tout particulier à ne pas croiser mon regard.

– Je souhaitais discuter avec vous de ma fiche de poste qui a été revampée sans que vous m'ayez donné le moindre feed-back.

– N'exagère pas non plus une situation qui est plus pénible pour moi que pour toi, réplique Simplet d'un ton mélodramatique.

– Vous préférez attendre la task force avant de me dire ce qui se passe, ou bien vous préférez que je débarque en plein board pour me plaindre directement devant les élus ?

– Nicolas, on va finir par être en retard à la formation sur le consulting, crie Alix en débarquant dans le bureau de Michelle et en entraînant manu militari Simplet vers la salle de réunion.

Je m'effondre sur une chaise.

– J'en ai ras le bol !

Michelle soupire, remplit une tasse de café et me la tend :

– Si j'étais dans ta situation, que me conseillerais-tu ?

– De vous barrer, sauf que je ne peux pas. Je dois attendre un an avant de faire une demande de détachement.

– Avant de me dire de partir, que me dirais-tu ?

– De casser la gueule à Alix. Je vous donnerais même un coup de main. Ensuite, on passerait à Simplet.

– Non, me calme Michelle. Tu me conseillerais d'aller voir la DRH.

– Je vous conseillerais ça ? Je serais devenue votre pire ennemie, dans ce cas.

– Prends rendez-vous avec elle le plus vite possible.

– Je pars en vacances après-demain et elle a quitté son bureau depuis belle lurette !

– Je t'ai noté le numéro de sa secrétaire et l'ai prévenue de ton appel imminent, répond Michelle en poussant doucement un post-it vers moi. Il faut que tu réagisses, Zoé, ça ne peut pas continuer. Et si ça ne s'améliore pas, si ça tourne mal, tu pourras toujours dire que tu n'es pas restée dans ton bureau à laisser la situation pourrir.

– Elle est vraiment pourrie ?

– Je suis censée prévenir Nicolas à chaque fois que tu veux consulter un document et il a fait une demande pour que tu ne puisses plus passer de coups de fil extérieurs, récapitule Michelle. Prends rendez-vous. Vite.

Janvier

Bittersweet symphony

J'ai décidé d'affronter la réalité, alors dès qu'elle se présente bien, prévenez-moi.

Quino, *Mafalda*

Lundi 5 janvier

Bonne année, tu parles ! J'ai mis du temps à percuter, mais c'est certain : je suis désormais placardisée. Officiellement.

C'est comme avoir attrapé la grippe porcine : je suis le sujet de toutes les conversations, mais mes collègues m'évitent par peur de la contagion. Ravie de faire partie du groupe majoritaire, Coconne met un point d'honneur à ne surtout pas croiser mon regard tout en fermant la porte de son bureau avec ostentation dès que je m'en approche à moins de dix mètres.

Radio Tam-Tam fonctionne à plein régime : ostracisée devant une assiette de raviolis, j'écoute avec intérêt ma voisine de table raconter mes exploits imaginaires. Ce n'est plus une note que j'ai rédigée, mais un esclandre que j'ai fait en plein conseil municipal. J'apprends donc que je suis montée sur l'estrade, ai attrapé le micro et appelé les agents à la révolution devant tout ce que la ville compte de journalistes. Grand

Chef Sioux aurait payé pour que rien ne sorte dans la presse.

– Le DGS a raqué 200 000 euros pour que l'affaire soit étouffée, renchérit une quadragénaire que j'identifie comme la directrice adjointe des affaires culturelles. Il paraît qu'elle a remis Fred Mayer à sa place, tu n'imagines pas !

– Il le mérite, ce con ! diagnostique son assistante. Tout le monde sait que c'est un pro des petits services entre amis, mais personne ne dit rien. Quand je pense qu'ils vont tous partir se dorer la pilule à Nairobi en avril, ça me rend dingue ! À quoi ressemble-t-elle, Zoé ? Si je la vois, je lui tape la bise.

J'hésite à tendre la joue, au moment où le verdict tombe :

– C'est courageux, mais elle s'est suicidée professionnellement, annonce un chargé de mission en léchant goulûment le couvercle de sa Danette au chocolat.

– N'empêche que c'est pas normal, ce qui se passe ici. Elle a eu raison de dénoncer les magouilles de Fred. Elle a des couilles cette petite, conclut la secrétaire de Grand Chef Sioux qui, heureusement pour la réputation de notre DGS, a une conception dogmatique du devoir de réserve.

J'attrape mon plateau, sors de la cantine et monte au 4e étage en espérant que Michelle a raison.

14 h 40

« Direction du Management et de l'Épanouissement du Potentiel Humain. » Je ne m'en remettrai jamais. Comment une appellation peut-elle être à ce point aux antipodes de la fonction désignée ? Une demi-heure après être arrivée, je poireaute encore sur l'unique siège du couloir, lorsque la porte s'ouvre et que Sylvie Mercier me fait signe d'entrer.

– Vous avez donc sollicité un entretien avec moi, soupire notre directrice des ressources humaines, la voix chargée de reproche et du secret espoir que je lui réponde que non, je suis juste venue lui déposer son poids en or pour la remercier d'exister.

– Oui, j'ai été évincée d'un des dossiers dont je m'occupais et l'on ne m'a pas informée du changement d'horaire d'une réunion importante. Mon accès à internet est restreint, je n'arrive pas à avoir d'explication claire de mon supérieur et il m'a semblé que venir vous voir était la seule chose à faire.

– Ne dramatisez pas non plus, mademoiselle Shepard. Qu'une réunion soit déplacée est très courant, m'explique-t-elle d'un ton exagérément rassurant.

– Et qu'on me retire un dossier sans me le dire est aussi très courant, je présume ? Je n'avais déjà pas grand-chose à faire…

– Vous êtes bien la seule ! Moi, je suis absolument dé-bor-dée, commence-t-elle avant de me débiter son emploi du temps de la semaine.

– Peut-être pourrions-nous en revenir à moi, si cela ne vous dérange pas ?

Sylvie Mercier soupire devant aussi peu d'empathie.

– Œuvrer pour le service public nécessite une capacité d'adaptation aux nouveaux challenges de l'administration moderne, récite-t-elle. M. Baudet est en pleine réorganisation de son service afin de mieux appréhender les défis auxquels nous serons tous confrontés demain.

Simplet, pilote d'une modernisation administrative ? et puis quoi encore ?

– Êtes-vous en train de me dire que tout ça n'est qu'un malentendu ?

– Mademoiselle Shepard, comprenez-moi ! J'apprends que vous êtes en conflit avec votre supérieur et que vous avez violé plusieurs de vos engagements...

– Que j'ai violé quoi ?

Sylvie disparaît dans un placard avant d'en exhumer une feuille de papier pompeusement intitulée « Les dix engagements des agents municipaux : projet de service pour une administration engagée et efficiente ».

– Il y a clairement eu violation des engagements numéro 4 : « Faire le point régulièrement avec son supérieur sur tous les sujets posant problème et rechercher une solution con-cer-tée » et numéro 7 : « Ne pas mettre en défaut un responsable devant l'équipe ou d'autres interlocuteurs ». Et je ne parle même pas de l'article 9 : « Respecter tous ses collègues » ! conclut-elle d'un ton exaspéré.

– Mais de quoi parlez-vous, exactement ?

– J'ai été informée que vous aviez envoyé une note au directeur des finances pour lui faire part d'une soi-disant illégalité dans un des montages de votre service. En conséquence de quoi, la délibération a été bloquée.

– D'une part, il faudrait peut-être relativiser : je n'ai pas prévenu le procureur, j'ai informé le directeur financier de la mairie d'un montage en effet illégal et j'ai proposé une solution. D'autre part, mon supérieur hiérarchique était parfaitement informé de l'existence de cette note...

– Il m'a certifié que non.

– Il l'a visée... regardez : « NB ». Ce sont bien ses initiales, non ?

– Mademoiselle Shepard, vous ne semblez pas comprendre que certains dirigeants ont autre chose à faire que de lire des notes. Le fait est que vous n'aviez pas à la rédiger.

– Si j'en crois l'article 1 des dix commandements...

– Des dix *engagements*, me coupe sèchement ma nouvelle amie.

– Bref, si j'en crois l'article 1 qui stipule qu'il faut « respecter et appliquer les règles et procédures de la collectivité ainsi que les droits et obligations des agents publics », alors oui, je devais rédiger cette note. Ce projet comporte tellement d'illégalités que je ne vois même pas par laquelle commencer. Il y a de quoi retourner le Conseil d'État du sol au plafond avec un montage pareil !

– Nous avons toujours fait ainsi et ça n'a jamais posé aucun problème, rétorque Sylvie d'une voix qui ne laisse place à aucune réplique. Avez-vous pensé à une VAE ?

J'ai entendu vaguement parler de ce truc : la Validation des Acquis de l'Expérience permet à tout employé de faire valider les acquis de son « expérience professionnelle ». Le but ? L'obtention de ce qu'ils appellent une certification. À quoi ça sert ? Si je le savais ! De toute façon, je n'y penserai que le jour où Simplet envisagera une lobotomie.

– La seule expérience que j'ai acquise dans cette mairie est celle de tour operator.

Sylvie Mercier se lance dans une diatribe fustigeant tour à tour ma mauvaise volonté et mon incapacité à adopter les codes d'une équipe qui a fait ses preuves. Avant que je n'aie le temps de lui demander si c'est vraiment de celle de Simplet dont elle parle, elle décide tout à coup de mettre un terme à cet entretien hautement productif :

– Un peu de patience, mademoiselle Shepard. Vous verrez que ce qui vous apparaît aujourd'hui comme une impasse est en réalité l'ouverture que vous souhaitez. Et n'oubliez pas, ma porte vous est toujours ouverte.

Si j'ai bien compris, il ne me reste plus qu'à réintégrer mon placard et dessiner une porte sur le mur avant de taper trois fois ?

15 h 05

Assise, dos à la porte de la salle des archives, j'observe Maurice passer des coups de fil pour évaluer les dégâts.

Il raccroche et attaque :

– C'est ce que je pensais, t'es dans une sacrée merde ! Qu'est-ce qui t'a pris d'aller voir cette tarée ?

– J'ai eu la faiblesse de croire Michelle lorsqu'elle m'a dit que Sylvie Mercier était susceptible de savoir régler les difficultés.

– Le problème des gens comme toi, reprend le délégué syndical, c'est qu'on t'a fait croire que faire plein d'études te garantirait un avenir professionnel intéressant, avec une armée d'esclaves qui se taperaient le boulot merdique à ta place. Et au final, tu es l'esclave de connards qui n'ont pas de diplômes mais des cartes de visite qui dépotent.

Bon diagnostic.

– Bref, ils sont remontés, ils veulent ta peau…

– Oh !

Maurice secoue la tête, apparemment agacé :

– La note n'est qu'un prétexte, ça fait plus de deux

ans que tu les fais chier à pointer du doigt leur médiocrité et leur sens de l'éthique fluctuant. Tu es le caillou qu'ils ont eux-mêmes mis dans leur chaussure. Voilà la situation : tu es titulaire, donc, pour te virer, ils n'ont pas d'autre solution que de t'accuser de faute grave. À partir de maintenant, tu dois tout noter, imprimer les mails que tu reçois, consigner les horaires des coups de fil que tu passes ainsi que les numéros de tes correspondants, éteindre ton ordinateur dès que tu sors de ton bureau, même pour pisser, et évidemment faire tes horaires.

– J'investis dans un détecteur de micros aussi ?

Maurice soupire :

– Tu penses que j'exagère.

– J'avoue que ça m'a traversé l'esprit.

– Tu les sous-estimes : ils vont essayer la faute lourde ou bien sûr le placard. Tu devrais te syndiquer.

– Ça arrangerait mes affaires ?

– Franchement, au point où tu en es, une protection syndicale, c'est toujours ça de pris, raisonne Maurice. Et avoir un cadre A + capable de relever les incohérences juridiques de leurs montages, ça nous arrangerait lors des CTP.

Les instances paritaires sont des instances consultatives composées, comme leur nom l'indique, d'un nombre égal de représentants des personnels élus et de représentants nommés par Grand Chef Sioux. Alors que les Comités Techniques Paritaires sont consultés notamment sur l'organisation interne, la répartition des services, et sur les méthodes et techniques utilisées au travail, les Commissions Administratives Paritaires examinent les questions individuelles.

Enfin, en théorie.

En pratique, les syndicats n'émettent qu'un avis que l'administration n'est pas obligée de respecter.

« Ne respecte quasiment jamais » serait une expression plus appropriée.

Les CTP se résument donc à un inégal combat où l'administration, armée de réformes-bazookas, invite les syndicats, fiers détenteurs de pistolets à eau, à assister à leur propre massacre.

Bref, seul un héros farci jusqu'aux dents de bravoure et d'inconscience accepterait d'intégrer un tel organe. Ou quelqu'un de suffisamment désespéré.

C'est donc avec une gratitude évidente que j'ai accepté son offre.

Jeudi 8 janvier

8 h 55

J'arrive dans le hall où je retrouve Coralie en compagnie de deux stagiaires. Au moment où je passe près d'elle, j'entends un solennel : « Je la connaissais *presque* personnellement. »

Seuls les initiés le savent, mais il n'est pas un événement qui ne touche Coconne *presque* directement. Car elle a un rayonnement international. Le 11-Septembre ? Son frère était en déplacement dans les Twin Towers. La guerre en Irak ? Son cousin a été envoyé dans le premier bataillon. Katrina ? Ses meilleurs amis habitent justement en Louisiane.

Elle m'aperçoit, se fige et commence à me suivre à distance, jetant des regards inquiets vers les bureaux les plus proches. Au moment où j'ouvre la porte du mien, elle se jette à l'intérieur et s'accroupit derrière mon ordinateur.

– J'ai quelque chose à vous dire, mais vous ne m'avez jamais vue, chuchote-t-elle pendant que je m'affale sur ma chaise en me demandant si démissionner ne serait finalement pas un choix judicieux. Le problème est que je n'ai pas le droit de vous parler, reprend Coconne en tripotant un port USB et en tirant sur le fil de la souris.

Effectivement, ça risque d'être compliqué.

– Pour quelles obscures raisons ne devriez-vous plus me parler ?

– Ben, c'est M. Baudet qui me l'a demandé.

– Et... il n'a pas précisé que vous n'étiez pas censée me répéter cet ordre relativement surprenant ?

Coconne plisse le front dans une moue d'intense concentration, avant d'avouer :

– Peut-être, mais moi je ne peux pas me souvenir de tout !

– Coralie, pourriez-vous arrêter de jouer avec le câble du téléphone et m'expliquer ce que vous faites à quatre pattes sous mon bureau ?

– Je sais des choses, minaude-t-elle d'un air grave signifiant qu'elle a ses entrées dans l'Olympe.

– Quelles choses ?

– Je ne sais pas si je dois vous les dire, explique-t-elle en arborant un sourire énigmatique qui me donne envie de l'extirper par les cheveux de sa planque.

– Coralie, j'ai eu une semaine de merde. Rectificatif : j'enchaîne mon deuxième mois de merde. Donc, au nom du principe de solidarité entre êtres humains, si vous avez des choses à me dire, faites-le, sinon, sortez de mon bureau, je n'ai rien à faire, mais la solitude ne me paraît plus aussi pesante depuis que vous êtes là.

– Oh là là, vous êtes pas drôle, bougonne-t-elle avant de se ressaisir et d'annoncer : Hier, le directeur des finances, vous savez, Thomas, qui est toujours habillé en vert... Ben, il est venu dans le bureau de Nicolas pour lui dire qu'il voulait vous prendre dans son service. Il a dit qu'avec vos compétences, c'était un gâchis de vous cantonner à un poste de tour operator et qu'il savait qu'on vous avait retiré tous vos dossiers. Et Alix a commencé à hurler en disant qu'il était hors de question que la DIE perde un cadre et que ça mettrait en danger tout le service.

Des cadors pareils, ça ferait défaut.

– Thomas a dit qu'elle voulait vous acculer à la démission parce qu'elle s'était encore plantée aux écrits du concours que vous avez réussi et que vous leur aviez mis le nez dans leur merde. Ils ont tous commencé à crier, Nicolas a dit qu'il s'était senti humilié lorsque vous aviez rédigé la note et Alix en a référé au DGS qui lui a promis de laver leur honneur, conclut-elle.

– Et ?

– Et rien, il était 16 heures, alors je suis partie. Je vais pas faire des heures sup non plus, s'insurge-t-elle avant de s'interrompre dans son activité – débrancher les câbles de mon PC et les rebrancher aux mauvais endroits.

– Vous faites quoi ? me demande-t-elle d'un air curieux.

– Ma pénitence et une couronne de trombones.

– Votre quoi ?

– Ma punition pour avoir informé Géant Vert que nous nous apprêtions à transgresser l'une des règles les plus basiques du droit administratif.

– Vous êtes vraiment punie ?

– Je n'ai plus accès à Facebook.

– Ah, effectivement, reconnaît Coconne. Mais je crois que je vais quand même vous reparler, me rassure-t-elle avant de se relever, de se taper la tête contre mon bureau et de retomber, sonnée.

Mardi 13 janvier

13 h 20

Affalée sur un siège, j'écoute Maurice tenter de me transmettre son savoir en matière de placardisation. Ses cinq ans passés dans un bureau vide, sans aucune tâche à accomplir et un dossier plombé ne lui permettant pas de partir dans une autre collectivité, n'ont pas été vains et il dispense volontiers ses conseils aux agents en disgrâce :

– S'il te vient l'idée saugrenue de démissionner, tu viens me voir, si tu as envie de leur faire un bras d'honneur et de les insulter, tu viens me voir, si tu te sens mal, tu viens me voir, martèle-t-il.

– Le plus simple est que je m'installe dans ton bureau, personne ne verra la différence, de toute façon.

– Détrompe-toi, Alix est personnellement chargée de vérifier que tu es présente. Cette nana est une perverse. Impossible de lui faire entendre raison.

– C'est surtout une sale conne qui jouit dès lors qu'elle peut exercer sa ridicule petite autorité.

– Quand une personne raconte à qui veut l'entendre que tu es en dépression avancée et sous anxiolytiques pour te décrédibiliser, c'est pas de la bêtise mais de la manipulation.

De mieux en mieux.

– Et selon docteur Alix, je me suicide quand ?

– Il faut que tu tiennes, que tu fasses semblant que tout va bien et que tu sois entourée au boulot. Qui as-tu prévenu ?

Dans un cas pareil, tout le monde est au courant et personne ne lève le petit doigt : de quoi redonner confiance en l'humanité.

– Tout le monde sait ce qui se passe. Corollaire : tout le monde m'évite.

– Et tu notes tout, comme je te l'ai suggéré ?

– Que veux-tu que je note ? « 9 heures-17 h 30 : enfermée dans mon bureau sans voir personne, sans internet et sans téléphone fonctionnels » ? C'est perdu d'avance.

Jeudi 15 janvier

15 h 30

Assise devant la mairie, dos au mur, je joue à faire durer ma pause cigarette le plus longtemps possible, lorsque Sylvie Mercier arrive et se plante devant moi :

– On vous voit très souvent avec le délégué syndical. Je peux savoir ce qui se passe ?

– J'ai décidé de me syndiquer.

– Et depuis quand des administrateurs se syndiquent-ils ? me demande-t-elle, interloquée.

– Ça me titillait depuis l'histoire des primes et me retrouver au placard sans que ça n'émeuve personne, et surtout pas la directrice du Management et de l'Épanouissement du Potentiel Humain, a achevé de me convaincre.

– Vous êtes haut fonctionnaire, vous avez une bonne paye et la sécurité de l'emploi, de quoi vous plaignez-vous ? Faites-vous détacher à France Télécom et vous reviendrez ventre à terre nous supplier de vous reprendre.

Se sentir mal au travail n'est pas l'apanage des catégories C ni des salariés en burn-out. Trimer comme un âne pour décrocher un concours puis arriver dans un no work's land et se faire mettre plus bas que terre toute la journée par une bande de nullités ravies d'exercer leur pouvoir démolit tout autant.

Sylvie darde sur moi un regard mauvais, espérant sans doute m'intimider suffisamment pour que je me jette à ses genoux en implorant son pardon pour m'être égarée à ce point, avant de résilier mon adhésion au syndicat et de la remercier de cette fructueuse conversation.

– Ne me dites pas que vous faites confiance aux syndicats ? reprend-elle sèchement.

– Les yeux fermés. Maurice m'écoute et me conseille. Tout ce que vous n'avez jamais pris la peine de faire, malgré votre titre ronflant.

Vendredi 16 janvier

15 heures

Mon bilan de la semaine est comparable à celui de la Volontaire Internationale en Entreprise Chine : nul. J'ai vaguement synthétisé un rapport parlementaire afin que ma semaine comporte quelques activités reliées à ma fiche de poste et suis occupée à arracher des dalles de moquette lorsque The Gentleman débarque dans mon antre, surexcité :

– Vous ne devinerez jamais ce qui se passe !

Je soupçonne notre nouveau directeur des relations internationales d'envier mon idéalisme et de grimacer en assistant, impuissant, à ma lente exécution. Si les clashs dont il est régulièrement le témoin le dissuadent de me soutenir ouvertement – « j'ai une famille, moi », se croit-il obligé de justifier lorsque je le surprends en flagrant délit de lâcheté ordinaire –, il ne manque pas une occasion de me glisser des mots de soutien dans des piles d'enveloppes qu'il dépose sur mon bureau en mon absence.

– Vous ne devriez pas être là. Imaginez, si l'on vous surprend dans le repaire de l'antéchrist !

– Écoutez, je n'ai pas été à la hauteur, reconnaît-il. J'aurais dû vous soutenir, mais je n'étais pas préparé à débarquer en pleine guerre civile. Dans mon précédent poste, les gens étaient normaux, conclut-il. Bon, je continue mon histoire ?

Je hausse les épaules.

– Nous avions une réunion vendredi dernier. Comme personne n'a pris de notes, nous avons dû recommencer ce matin.

– Où était Coralie ? C'est elle qui joue les scribes, d'habitude.

– Son fils était malade. Il semble être de constitution fragile, note The Gentleman.

Oui, surtout le vendredi, le lundi et le premier jour des soldes. Avec l'arrivée des soldes flottants, ce pauvre gamin a refait toutes les maladies infantiles, y compris celles pour lesquelles elle avait consacré une série d'après-midi à le faire vacciner.

– Bref, reprend-il avant de réaliser que je suis assise à côté d'une pile de dalles de moquette. Que faites-vous, exactement ?

– Je réarrange ma moquette pour que les dalles tachées de café soient moins visibles. Finalement, ne plus être obligée de faire semblant de travailler m'ouvre d'incroyables perspectives. Je viens de finir l'intégrale des *Aventures de Sherlock Holmes* et maintenant, je m'attaque à la déco.

The Gentleman n'a pas l'air convaincu et je décide d'expliciter :

– Je vais devenir folle. Je suis bloquée huit heures par jour dans un bureau sans avoir rien à faire. Pire, sans internet. J'ai dû me prosterner devant la documentaliste pour récupérer un rapport parlementaire et elle m'a demandé de le lui rendre avant la fin de la journée. Et regardez ce que j'ai trouvé dans les annonces de la Gazette de la ville : une offre d'emploi pour mon poste !

The Gentleman parcourt la feuille du regard, avant d'en faire une boule et de la jeter à la corbeille.

– Il vient d'arriver quelque chose de génial.

– Alix a contracté la peste bubonique ?

– Mieux. Ils sont dans un sacré pétrin et ont besoin de vous. Abandonnez votre atelier déco et suivez-moi !

Dans le bureau de Fred, nous trouvons Simplet et Communicator en plein émoi.

– Les visas des journalistes ont été refusés, m'informe Simplet.

– L'ambassade a-t-elle donné une raison ?

– Tout est de ta faute, déclare Communicator. Tu ne nous as pas précisé à quel point il était important de contacter l'attaché de presse de l'ambassade.

J'aurais dû m'en douter, Communicator n'a jamais tort. Quoi qu'il fasse. Ou ne fasse pas, la plupart du temps. En ce qui concerne la confiance en soi, le plus arrogant des dictateurs pourrait lui demander des tuyaux.

– J'ai été évincée des deux dernières réunions, pardon, des « comités de suivi » des Assises. J'en ai déduit, sans doute hâtivement, que vous m'aviez déchargée de ce dossier trop stratégique pour une personne à l'attitude aussi déplorable que la mienne.

– C'est bien le moment de te poser en victime, éructe Alix avant d'annoncer à la cantonade : Je savais qu'elle ne nous amènerait que des ennuis, je le savais !

– Par ailleurs, dans la dernière note que je vous ai rendue, figuraient les coordonnées des personnes à contacter impérativement pour obtenir les visas des journalistes.

– C'est pas vrai, proteste Alix qui se fige lorsque je dépose une copie de ma note devant elle.

Mais cela ne perturbe nullement Communicator. Niveau irresponsabilité, il est à cent coudées devant elle. Quant à Simplet, il reste prostré, la mâchoire pendante et l'œil terne, à répéter comme un mantra : « Mais qu'est-ce qu'on va faire ? »

L'arrivée en fanfare furieuse de Fred a l'avantage de couper court à sa litanie :

– Je peux savoir ce qui se passe ? tonne notre élu. Qu'est-ce que ça veut dire ? Les visas des journalistes ont été refusés ! On part dans deux mois et demi ! Il est hors de question que j'aille faire le mariole chez les nègres sans la presse !

Après cette mise au point on ne peut plus claire sur les motivations de Fred, s'ensuit un dialogue d'une maturité ébouriffante que l'on pourrait résumer en

« mais heu, c'est pas moi, d'abord, c'est lui », ou comment, pendant vingt glorieuses minutes, Communicator, Alix et Simplet se refilent la patate chaude de la responsabilité du fiasco.

– De toute évidence, Max n'a pas la moindre idée de ce qu'il faut faire, donc Zoé, tu reprends le dossier. Et tout de suite ! décide Fred.

Ne comptons pas sur Fred pour mettre les formes, mais au niveau du fond, il est possible que, pour une fois, il ait raison.

– D'accord. Je vous propose de faire passer les deux journalistes de presse écrite en visa tourisme, puis je vais me prosterner devant l'attaché de presse pour tenter d'obtenir les visas des deux journalistes télé. Mais ce qui va poser problème, ce sont leurs caméras. La déclaration d'équipement médiatique aurait dû être faite il y a trois semaines. Et j'ai besoin du retour de ma connexion internet.

– Et on peut savoir pourquoi elle n'a plus de connexion internet ? beugle Fred.

– Nous avons eu des problèmes avec elle, l'informe Alix.

– Rebranchez-la, on a besoin d'elle ! Sinon, à part acheter les douaniers, je ne vois pas comment faire, grince Fred dont le code moral m'étonnera toujours.

– Les acheter, oui, répète Simplet en se frottant les mains et en hochant la tête comme si cette idée lui semblait particulièrement bien trouvée.

Je les laisse disserter sur le moyen le plus discret de négocier habilement avec des douaniers kényans et m'éclipse dans mon bureau.

Lundi 19 janvier

9 h 20

Les lettres d'invitation à cette ânerie de Copil que The Gentleman a mises à la signature de Fred début janvier ne sont toujours pas revenues et Simplet est au bord de la crise de nerfs.

Abandonnant le secret espoir qu'elle puisse prendre d'elle-même l'initiative d'aller chercher les parapheurs contenant les lettres sans que je lui en suggère l'idée, je me rends dans le bureau de Coconne que je trouve désert.

– Où est-elle encore passée ?

– Il y a un problème ici ? s'enquiert Simplet, qui surgit de nulle part, l'air ravi d'avoir une preuve supplémentaire de mon incompétence à travailler en équipe.

– Absolument pas, je vais récupérer les lettres d'invitation chez l'assistante de M. Mayer.

9 h 30

– Ah, mais M. Mayer n'a rien signé et il n'est pas joignable de la semaine, m'apprend son assistante.

Alors qu'elle s'agite sur son siège en regardant la pendule qui indique que l'heure de la pause clope se rapproche, j'inventorie les solutions possibles pour que ces fichues invitations partent aujourd'hui.

Quelques minutes de réflexion plus tard, je n'ai toujours pas trouvé de solution acceptable.

À situation désespérée, mesure désespérée.

– Ce n'est pas grave, je vais quand même récupérer les lettres.

Ravie de pouvoir s'échapper à temps pour éviter le rush à la machine à café, l'assistante me fourre le paquet d'invitations dans les mains, attrape son manteau et quitte son bureau précipitamment.

10 h 10

C'est dans ces moments-là que Monique, mon ancienne coloc de bureau, me manque cruellement. Spécialiste incontestée du faux en écriture, elle n'hésitait pas à imiter les signatures d'élus avec une maestria peu commune et, dans ce domaine, je ne lui arrive pas à la cheville.

Malheureusement, ses extraordinaires compétences de faussaire lui ont permis de s'élever au rang de conseillère municipale aux TIC et je doute qu'elle soit disponible pour une aimable remémoration du bon vieux temps où elle glandait en face de moi.

À l'époque antédiluvienne où Google Images n'existait pas, j'avais pour habitude de décalquer des fonds de carte à la vitre pour mes cours de géographie. Je récupère une vieille lettre signée de Fred, la plaque contre la fenêtre et recopie par transparence sa signature sur la première invitation. Le résultat est plutôt satisfaisant et je continue à compléter les lettres une par une, lorsque j'entends la porte s'ouvrir.

– Vous avez pensé à faire des copies de la déclaration d'équipement médiatique pour les visas journalistes ? s'enquiert The Gentleman qui se fige en me voyant appuyée contre la fenêtre, langue tirée, et pile d'invitations posée à mes pieds.

– Pas encore.

– Dites-moi vite que vous n'êtes pas en train d'imiter la signature de Fred sur les lettres d'invitation. Vite. S'il vous plaît…

– Je sais, ça peut sembler un peu surprenant, mais compte tenu des circonstances, je n'ai pas d'autre choix.

– *Peut* sembler ? Mais c'est illégal ! L'article 441-4 du code pénal prévoit des sanctions très sévères pour tout faux en écriture publique !

Passer sans transition de Simplet à une bête à concours est très perturbant.

– Je suis votre supérieur hiérarchique sur ce dossier, continue-t-il. Je vais finir en prison !

– Mais non, voyons ! J'avais une collègue spécialiste de l'imitation de signature…

– Et elle est en prison maintenant ?

– Elle est conseillère municipale.

The Gentleman se retient à l'armoire pour ne pas tomber.

– J'ajouterai que mes motifs sont purs. Je tiens à éviter à mon élu une crise d'apoplexie.

Il saisit une lettre et émet un long sifflement :

– C'est drôlement bien fait, en tout cas. Bon, ça ira pour cette fois, parce que nous avons des délais impossibles à respecter, mais que ça ne se reproduise pas !

Que ferait-on, d'ailleurs, si ça se reproduisait ?

Probablement la même chose.

Lundi 19 janvier

11 heures

Je photocopie les formulaires complétés de déclaration d'équipement médiatique lorsqu'un « c'est pas parce qu'ils vous ont mise au placard que vous devez me piquer mon boulot » indigné me fait sursauter.

– Coralie ? C'est vous ? Mais qu'avez-vous fait à vos cheveux ?

Accablée à l'avance par le poids de la révélation qu'elle s'apprête à me faire, notre assistante s'effondre sur le fax. De toute évidence d'humeur à se confier, elle se répand : le « Antoine va être content que sa mamie soit venue le chercher » claironné par la maîtresse de son fils, son malaise, ses respirations saccadées dans le sac en papier tendu par une mère d'élève à peine sortie du lycée, son quasi-étouffement avec la chouquette restée coincée.

– J'ai dit à Michelle que ma fatigue se voyait sur mon visage et que pour aller en vacances avec vous au Kenya, je ferais n'importe quoi. Et elle m'a répondu : « Tu te ferais teindre en blonde s'ils te le demandaient. » Alors j'ai acheté un kit et la couleur a viré.

Quand même...

– Et vous savez le pire ? Le pire, c'est que ça n'est pas vrai. M. Baudet m'a dit qu'il n'y avait pas de place pour moi.

– Vous savez, vous seriez probablement revenue encore plus fatiguée.

– Le coiffeur ne peut me prendre que samedi matin. Ça se voit beaucoup ? demande-t-elle avec une pointe d'angoisse dans la voix.

– Le rose ne passe jamais inaperçu... Surtout pour des cheveux... c'est inhabituel.

– Mais ça me va bien ?

– Pourquoi pensez-vous que je vous pique votre boulot, au fait ?

– C'est mon travail de faire les photocopies ! rétorque-t-elle. Pourquoi les avez-vous faites ?

C'était urgent et important.

Je hausse les épaules à la recherche d'un pieux mensonge, mais Coconne est déjà passée à autre chose :

– Au fait, M. Davies veut que vous le rejoigniez devant le bureau de Nicolas. Il a dit « le plus rapidement possible », précise-t-elle.

Je me précipite devant le bureau de Simplet où je retrouve le directeur des affaires internationales l'oreille collée à la porte.

– Ça chauffe, m'informe-t-il. Michelle, Alix et son larbin parlent de vous depuis plus de vingt minutes.

The Gentleman me fait signe d'écouter.

– C'est inacceptable, sans nous, elle ne serait pas administrateur territorial ! hurle Alix tandis que j'imagine Simplet hochant la tête avec dévotion.

– Parce que c'est vous qui lui avez fait réviser le concours ? rétorque Michelle.

– Nous l'avons embauchée alors que personne ne voulait d'elle !

– Non, vous l'avez recrutée suite à un stage pendant lequel elle a accompli en six mois ce que vous aviez mis trois ans à ne pas faire, réplique Michelle, apparemment en grande forme. M. Mayer l'a dit, elle doit participer à la préparation des Assises. Et son boulot consiste aussi à pointer du doigt les illégalités !

– Un fonctionnaire, ça exécute des ordres et ça ferme sa gueule ! éructe Alix.

– Les fonctionnaires sont des citoyens de plein droit.

– Quel abruti a dit ça ?

– Anicet Le Pors, ministre de la Fonction publique de Pierre Mauroy de 1981 à 1984.

– Quelle mine d'informations, notre Michelle, admire The Gentleman pendant que je me retiens d'ouvrir la porte pour voir les têtes décomposées d'Alix et de Simplet.

Notre nouvelle héroïne jaillit du bureau de notre patron, le laissant aussi blême que je l'avais espéré, avant de nous annoncer :

– Je vous invite à déjeuner. Je sens qu'ils vont directement me passer attachée sans même que je réussisse le concours.

Mardi 20 janvier

8 h 55

Je lance mon sac par terre et aperçois un éclair de Coconne à la porte.

– Bonjour, Coralie, ça va ?

En guise de bonjour, elle me regarde fixement avant de claironner un « ça y est, elle est là ! » et file fêter dignement au cappuccino en poudre la réussite de sa première mission.

Je n'ai pas le temps d'allumer mon ordinateur qu'un Simplet apparemment mal remis de ses émotions de la veille débarque et s'assied sur une chaise :

– Il y a un problème.

– On attend quelqu'un ?

– Oui, pour le problème, lâche-t-il, de toute évidence bien décidé à remettre la difficulté entre les mains d'une instance suprême.

Alix, en l'occurrence.

Qui arrive en claquant la porte et commence à hurler, avec l'énervement hystérique du dictateur sur le point de déclencher une opération d'épuration, qu'elle a dix minutes et pas une de plus pour résoudre « ce problème ».

Pendant que j'essaie de décrypter leurs expressions pour tenter de comprendre ce qui se passe, Simplet hoche gravement la tête pour signifier qu'il a pleinement conscience du privilège d'appartenir au cercle de privilégiés à qui la Reine accorde ses faveurs.

– Nicolas et moi avons pris une décision, annonce-t-elle tandis que Simplet lui jette un coup d'œil surpris qui me confirme qu'il n'a pas la moindre idée de la décision qu'il est censé avoir prise. Malgré ton relationnel déplorable, nous acceptons que tu reprennes la logistique des Assises. De toute façon, puisque nous ne pouvons plus embaucher Lambron, il n'y a personne d'autre de dispo.

Soit, pour les profanes : tu vas t'occuper des cartons d'invitation, réserver les billets d'avion, les chambres d'hôtel et nous être infiniment redevable.

– Fred veut des nouvelles d'un dossier qu'il t'aurait confié et dont je n'ai pas entendu parler, rajoute-t-elle, à deux doigts de péter le dernier boulon qui lui reste. Arrête de jouer perso, c'est inacceptable !

– Très bien.

Alors que je me remémore la liste des dernières lubies délirantes dont m'a parlé Fred en me demandant à laquelle Alix fait allusion, elle précise :

– Je t'ai inscrite à une formation. Tu as rendez-vous avec Sylvie début février. Et tu as intérêt à ne pas faire de vagues ! Et n'oublie pas, pour tout ce que tu fais, tu me demandes le feu vert, conclut-elle. Je veux tout superviser.

Jeudi 22 janvier

10 h 20

Effectivement, les menaces d'Alix n'étaient pas des paroles en l'air. À peine rentrée dans son bureau, elle se réduit à une voix « off », refusant toutes les autorisations que je lui demande et m'intimant l'ordre d'exécuter des consignes aussi stupides qu'inapplicables.

Elle m'a déjà appelée trois fois depuis ce matin et c'est avec inquiétude que je décroche mon téléphone.

Alix !

– Nous te faisons une faveur en te permettant de travailler sur ce projet et j'apprends que tu as parlé au chargé de mission du SCAC, s'insurge-t-elle.

SCAC : Service de Coopération et d'Action Culturelle, un lieu où souffle l'esprit et où s'agitent une bande d'intellectuels adeptes du théâtre d'avant-garde.

– Il m'a juste demandé le dossier préparatoire de l'atelier.

– Tu comprends quand je te parle ? Je t'ai dit qu'il était hors de question que tu t'adresses directement aux personnes impliquées dans ce dossier ! Je veux que tout passe par moi, c'est bien compris ? Je ne sais pas ce qui me retient de te dégager de ce dossier !

Que Fred, ton patron, t'ait ordonné de me laisser le gérer et que Michelle t'ait foutu la trouille ?

– Tu vas t'occuper de la mallette pour les participants au Copil. Et elle a intérêt à être parfaite, prévient-elle.

Un Copil ne serait pas un Copil sans The Mallette remise aux participants.

Avec ses clés USB, ses stylos et autres goodies au logo de la collectivité, et une montagne de papelards dont tout le monde – hormis le service de la communication qui les a sous les yeux depuis deux ans et exécute une danse de la joie de s'en être enfin débarrassé à chaque fin de séminaire – se fiche et ne lira jamais, sauf si les conférences sont pénibles au point que le seul recours enviable soit de lire l'un des documents fournis.

Pour Alix qui me maile un inventaire fouillé de ce que doit contenir la fameuse mallette, le contenu de ce bout de carton recyclé importe infiniment plus que celui des discours censés être prononcés par Fred auxquels elle ne prend même pas la peine de jeter un coup d'œil, avant d'annoncer :

– Tu te plains que tu n'as pas de poste d'encadrement ? Ben, je t'annonce que tu vas superviser Coralie qui est en charge de l'envoi des invitations papier au Copil.

Coconne envoie les lettres ? Mon imagination défaille à la pensée de ce qui va se passer.

17 h 30

Il y a des moments où, en dépit des sentiments les plus charitables que je puisse éprouver pour elle, je ne peux m'empêcher de me demander si Coconne ne devrait pas être enfermée quelque part.

– Finalement, c'est dommage que le directeur des finances ait choisi de respecter le code des marchés publics et de ne pas arroser le cabinet Lambron de subventions bidon, déplore The Gentleman en léchant un énième timbre. Lorsque j'ai préparé l'ENA, je n'aurais jamais imaginé me retrouver au service courrier d'une collectivité, à timbrer moi-même des lettres d'invitation. Surtout pour un truc qui ne sert à rien.

– La vie professionnelle est décidément pleine de surprises, approuve Michelle en attrapant une enveloppe et en l'essuyant délicatement avec un torchon. Mais ne vous en faites pas pour Lambron, Fred les a refilés à la direction de la culture qui ne compte aucune Zoé trouble-fête. Ils leur ont donné une subvention de 150 000 euros pour organiser un séminaire sur le cubisme ou quelque chose dans ce goût-là.

J'essuie d'un revers de manche la sueur qui perle à mon front et avise le tas d'enveloppes que je viens de maintenir au-dessus de la bouilloire pour les rouvrir.

– La vapeur, c'est très bon pour la peau, balbutie Coconne avant d'ajouter hâtivement, pour la troisième fois en deux heures : Je l'ai pas fait exprès.

– Il manquerait plus que ça ! peste Léon en pliant une invitation en trois avant de la fourrer dans une des enveloppes que vient de lui tendre Michelle. Je n'arrive pas à croire que tu aies pu fermer soixante enveloppes avant de réaliser que tu avais tout bonnement oublié de mettre les lettres à l'intérieur !

– C'est assez flatteur que Fred nous ait personnellement choisis pour régler le problème, objecte Coconne.

The Gentleman manque d'avaler le timbre qu'il est en train de lécher :

– Je doute que « choisis » soit le terme approprié, Coralie. Nous étions les seules personnes encore présentes dans le service lorsqu'il a réalisé votre erreur. Et accessoirement menacé de nous vitrioler si nous ne trouvions pas une solution dans le quart d'heure, conclut-il d'un ton menaçant.

– Nous… quoi ? demande Léon.

– Vitrioler ? ajoute Coconne.

Soi-disant trotskiste dans sa jeunesse, Fred semble à présent nourrir des aspirations de taliban.

– Nous cloquer au napalm, développe Léon.

The Gentleman commence à expliquer la différence entre les deux produits, lorsqu'il est interrompu par la sonnerie du téléphone suivie d'un barrissement de notre élu :

– Combien ?

– Vingt-neuf, me chuchote Léon.

Je prends une large inspiration et, non sans avoir foudroyé Coconne du regard afin de décourager toute velléité d'honnêteté de sa part, annonce :

– Une bonne cinquantaine.

– Où est Baudet ? interroge Fred avant de décréter qu'en fait, il s'en fout, et nous raccroche au nez.

Simplet s'est enfermé dans son bureau avec Alix afin de consacrer au problème la fine fleur de leurs deux cerveaux conjugués.

– Vous ne trouvez pas que, parfois, le moi intellectuel de Nicolas est un peu en retrait ? nous demande Garance. Nous aider aurait été plus rapide que d'essayer de trouver une stratégie, comme il dit.

– Votre semestre de psycho, vous l'avez sacrément amorti, dites-moi, s'enthousiasme The Gentleman qui part dans un grand éclat de rire, avant de conclure : M. Baudet est con. Et ne croyez pas que je le calomnie. Fort de mes cinq mois passés à ses côtés, je me contente juste de poser un diagnostic.

Février

Time is running out

Il faut changer le monde vite fait, sinon
c'est lui qui va nous changer.

Quino, *Mafalda*

Mardi 3 février

15 h 15

Deux semaines que je joue les gentilles organisatrices !

– Plus de vingt patrons sont d'accord pour assister à notre atelier sur le *sustainable development* des collectivités territoriales françaises à Nairobi, annonce Simplet en distribuant la liste. Ça n'a pas été sans mal, mais je pense avoir été brillant dans mon argumentation, conclut-il en soupirant de satisfaction.

Sachant que cette dernière a essentiellement consisté en des promesses d'aller-retour en business class et d'hébergement dans des suites cinq étoiles, j'ai un peu de mal à crier au génie, contrairement à Alix qui a l'air d'être à deux doigts de déclencher une ola.

– Le plus important, enchaîne Communicator, c'est de faire en sorte, une fois sur place, d'avoir le maximum de photos du maire avec des personnalités politiques. Sinon, toute la mission aura été un échec.

– Zoé, il faut un feed-back des process des entrepreneurs, benchmarke-les avec les autres asap, m'explique Simplet avec tout le sérieux dont il est capable.

Comme souvent lorsqu'il se lance dans une tirade en anglo-management, je me contente de hocher la tête sans chercher à comprendre.

– J'ai besoin d'un reporting de leurs objectifs, ajoute-t-il. On est hors sol, là. Donc les entreprises vont faire la danse du ventre devant leurs prospects.

« Reporting de leurs objectifs » doit vouloir dire que je dois m'enquérir des objectifs des entrepreneurs que nous allons trimballer à l'inauguration.

« Hors sol » est déjà plus abscons. Dans son génie géographique, Simplet veut peut-être me préciser que le Kenya n'est pas en France.

De l'autre côté de la table, Communicator et Alix, en grande forme, rivalisent d'idées improbables :

– Il faut aussi penser à emporter sur place des objets promotionnels de la mairie, déclare Communicator.

– Des clés USB, propose Alix. Des tours de cou et des flyers. Et des grille-pain. Évidemment ! Et pour nous, des tee-shirts de la mairie, pour qu'on nous repère !

Évidemment ? Des grille-pain ? Au Kenya ?

Et Simplet de battre des mains avec enthousiasme en répétant : « C'est génial », pendant que la vision d'une délégation portant des tee-shirts bariolés du logo de la mairie et des valises bourrées de grille-pain me fait me ratatiner sur mon siège…

Rien ne m'aura été épargné.

– C'est génial, vous ne trouvez pas ? répète Simplet en hurlant à la cantonade.

The Gentleman se contente de s'éponger le front avec un mouchoir tandis que je marmonne :

– C'est-à-dire que des grille-pain au Kenya, je n'y aurais jamais pensé.

Après m'avoir longuement observée, Simplet rend ses conclusions :

– Et tu te demandes si c'est une bonne idée, non ?

– Êtes-vous vraiment sûrs que… enfin, que ces objets soient… bref, qu'il faut emporter ça au Kenya ?

Alix émet un reniflement désobligeant comme si elle venait de mettre le nez dans une flaque de vomi.

Avec moi dans le rôle de la flaque.

– Si nous, peuple civilisé, n'éduquons pas ces pays-là en leur présentant les objets de base du monde moderne, qui va le faire ? déclare-t-elle.

Je peux supporter beaucoup de choses, mais pas ça. Malgré le regard implorant que me jette The Gentleman, j'explose :

– La mission civilisatrice, le Fardeau de l'Homme blanc ? Mais ça va pas la tête ? ! Comment peux-tu oser travailler dans l'international avec une mentalité néocoloniale ? La coopération décentralisée, c'est pas *Tintin au Congo* !

Lorsque j'achève ma tirade, Simplet, Alix et Communicator se fixent anxieusement comme pour partager leur inquiétude que je sois encore du bon côté des murs de l'asile psychiatrique des environs.

– En fait, tu t'inquiètes de savoir si c'est toi qui vas devoir transporter les grille-pain, déduit Communicator.

J'avise le regard vitreux de l'attaché de presse du Don et me sens soudainement très lasse :

– Voilà. C'est exactement ce que j'ai voulu dire.

– Eh bien, ne t'en fais pas, ce n'est pas toi qui vas les porter. Tu nous contactes UPS, qui s'en chargera.

Jeudi 5 février

10 h 45

Pourquoi, dans cette collectivité, la moindre question en apparence anodine vire-t-elle au cauchemar ?

Je suis en pleines tractations avec un conseiller UPS, hilare à l'idée de transporter vers le Kenya cinquante grille-pain, lorsque mon patron arrive dans mon bureau et commence à tourner autour de mes dossiers, l'air désœuvré.

– Justement, je voulais vous voir. La société qui s'occupe des visas m'a dit de compter environ trois semaines pour les récupérer. Peut-êtrc faudrait-il commencer à collecter les passeports ?

Je m'arrête net en voyant le regard encore plus vitreux que me lance Simplet. Un regard qui ne présage généralement rien de bon et qui annonce une semaine riche en corvées débilitantes.

– De quel visa parles-tu ?

– Du visa pour aller au Kenya… Vous vous souvenez ?

– Il faut un visa pour aller au Kenya ? Même pour les non-journalistes ?

Non. Le Kenya étant, comme chacun sait, membre de l'Union européenne, il n'y a évidemment pas besoin de visa !

– Oui.

– Mais tu es sûre ? insiste-t-il. Eh bien, dans ce cas… tu vas t'en occuper.

14 h 30

Collecter une trentaine de passeports ne m'avait jamais semblé être une tâche insurmontable.

De toute évidence, j'avais tort.

Je décroche mon téléphone, tout en songeant vaguement à demander à Coconne d'appeler une dizaine de personnes pour récupérer leurs passeports.

– Allô ?

– Bonjour, je suis Zoé Shepard, je m'occupe de la préparation des Assises au Kenya et j'aurais donc besoin de votre passeport pour l'envoyer à la société qui s'occupe de l'obtention des visas pour la mairie.

– Mais qu'allez-vous faire avec mon passeport ?

– Je vais l'envoyer à la société qui s'occupe de l'obtention des visas pour la mairie.

– Non, mais je veux dire : qu'est-ce que vous allez vraiment en faire ?

Me torcher avec.

– Je vais *vraiment* l'envoyer à la société qui s'occupe de l'obtention des visas pour la mairie et je vais également *vraiment* vous envoyer le questionnaire qui accompagne la demande de visa.

– C'est quoi comme questionnaire ?

Un test de QI.

– Un questionnaire administratif des plus classiques.

– Alors, il y a peut-être un problème...

– Qui est ?

– La date de péremption de mon passeport indique « 2007 » mais il est encore valable.

Les passeports, c'est comme les yaourts. Ils sont encore bons après la date limite de consommation.

– Vous serait-il possible de le renouveler ?

– Vous ne me croyez pas lorsque je vous dis qu'il est périmé depuis 2007 mais encore valable jusqu'en 2009 ? demande ce type qui dirige une entreprise de quarante-cinq personnes par je ne sais quelle aberration.

– Bien sûr que si. Mais je crains que les douaniers kényans fassent preuve de moins d'ouverture d'esprit que moi et il serait fâcheux que vous soyez refoulé à la douane pour une simple question administrative.

– Bon, ben, je le fais refaire et je vous recontacte.

– S'il vous plaît, oui.

16 h 15

Comparer des boutiques de vêtements, des marques de surgelés, des pointures de chaussures, soit, mais tomber sur The Gentleman et Michelle en pleine comparaison des mérites des différents anxiolytiques, c'est toujours surprenant.

– Du Lexomil, m'explique-t-il en agitant la boîte sous mon nez. Un quart dès que vous sentez l'angoisse vous étreindre. Avant d'entrer en réunion avec les consanguins de la mairie, vous devriez essayer. Avant chaque réunion « Assises », j'en avale un et je suis un vrai bouddha.

– Le Bromazépam ne me réussit pas, je préfère le Xanax, ça m'apaise bien lors des bouclages budgétaires, explique Michelle. Avec votre mission au Kenya, je suis passée de 1 milligramme à 1,5. Ne fais pas cette tête, Zoé ! Plus d'un Français sur quatre consomment des psychotropes !

– Fred a appelé, m'indique Coralie. Il veut vous voir. Et il est plus de 16 heures, alors moi, je dois partir.

– Il veut me voir tout de suite ?

– Il a dit « et que ça saute ». C'est lui qui vient.

Un « putain, mais j'en ai marre » nous fait sursauter. The Gentleman me glisse un comprimé dans la main, me tapote l'épaule et file dans son bureau pendant que je me rue dans le mien.

Notre élu arrive et balance un dossier par terre.

– Où en est ma maison SECS ? Je viens de voir Becker qui m'a dit que rien n'avait été prévu au budget ! Tu te fous de moi ?

Depuis que je le côtoie, Fred initie chaque mois un projet aussi foireux qu'onéreux. Heureusement pour le contribuable, la force de travail de ce radar à projets stériles frôle le zéro absolu : il ne prend jamais la peine de vérifier si les services mettent ou non son « super-plan » à exécution.

Jusqu'à aujourd'hui.

– J'en parle depuis novembre, j'ai spécifiquement indiqué que je voulais l'inaugurer en janvier. Nous sommes le 5 février et rien n'a été fait ! C'est à se demander pourquoi on te paye ! développe-t-il, passablement irrité.

– Monsieur Mayer, je vous ai rendu début décembre une note indiquant que mettre l'annexe aux normes HQE[1] serait très coûteux. Je vous avais proposé de mettre en place une exposition sur les actions de la Direction de l'environnement de la mairie qui, dans un premier temps, pourrait être intéressante.

– Et la revoilà avec son obsession du chiffre et ses demi-mesures ! Tu couches avec Becker ou quoi ? Parce que vous iriez bien ensemble avec vos budgets et autres fadaises. C'est aussi et surtout pour les citoyens que je fais ça ! Nous avons de l'argent, merde !

1. Haute qualité environnementale.

La ville n'est pas surendettée. Non. Ça, c'est pour les esprits chagrins, ces êtres sans envergure intellectuelle comme moi qui pensent que, hors des chiffres, point de salut. Passé à la moulinette de Fred, le budget indique simplement que la ville va devoir faire face à de nouveaux challenges.

Sentant ma réticence, Fred ajoute :

– Je te préviens, Zoé, tu me mets ça en place rapidement. Et puisque tu n'es qu'une incapable, tu vas bosser avec la nouvelle de la com. Je veux que ce projet suscite l'intérêt du public ! Il faut frapper fort !

– En admettant qu'on remette l'annexe aux normes, concrètement, vous n'avez jamais précisé ce que vous vouliez faire dans votre maison solidaire et écologique.

– Je veux l'inaugurer !

– Mais inaugurer quoi exactement ?

– On verra plus tard, mais je veux que mon œuvre soit exemplaire. Elle devra être internationalement reconnue comme ce qu'il se fait de mieux en matière d'écologie solidaire, c'est tout ! Et sociale, j'oubliais ! Et concentre-toi sur l'inauguration. Très important, l'inauguration !

Si, un jour, on cherche à comprendre les rouages du mécanisme d'équarrissage par lesquels de jeunes fonctionnaires ultramotivés finissent écœurés, il faudra parler du choc des cultures entre des agents qui voudraient parfois faire quelque chose de concret et des élus qui ne rêvent que de bâtir de vastes usines à gaz d'où rien ne sort jamais.

Lundi 9 février

10 h 45

Coconne débarque avec l'air de celle qui veut une faveur et un espresso de la meilleure Maison du Café de la ville.

Parfois, notre assistante me surprend par son intelligence : m'apporter un double espresso de qualité supérieure est l'un des meilleurs moyens de me corrompre.

– Le type qui bosse dans l'automobile veut emmener sa femme ou son assistante au Kenya, m'explique-t-elle en me tendant le précieux gobelet et en dégainant un chocolat sur lequel je salive déjà.

J'avale une énorme gorgée de café et ne fais qu'une bouchée du chocolat. Ce sera toujours ça de pris.

– Je ne sais pas de qui vous parlez, mais s'il s'agit d'un entrepreneur de notre délégation, j'espère que vous lui avez répondu non.

– Vous pensez vraiment que ça poserait problème ?

Pour les élus, non, puisque le Don va faire la même chose en emmenant sa maîtresse, mais Géant Vert risque de ne pas apprécier qu'un entrepreneur se fasse payer le séjour de sa légitime ou de sa poule du mois sur les deniers publics.

– Oui.

– Parce qu'il ne compte pas emmener les deux, ne vous inquiétez pas, me rassure-t-elle. D'ailleurs, il ne veut qu'une chambre.

– Non.

– Mais s'il paye l'aller-retour avec ses miles et ne prend qu'une chambre pour deux, ça ne change rien, insiste-t-elle en faisant glisser vers moi un gros chocolat blanc fourré de crème au beurre et surmonté d'une noisette.

– C'est non. Donnez-moi son numéro de téléphone, je vais lui expliquer.

– Il a une concession automobile et serait prêt à me faire un prix sur une 306, insiste Coconne pendant que je continue gaillardement mon chemin vers la crise de foie.

– Je vais lui présenter le séjour comme une succession de réunions pénibles dans un endroit dangereux, et une fois que j'en aurai fini, il ne voudra emmener ni sa femme, ni sa maîtresse, ni qui que ce soit. Si ça se trouve, il ne voudra même plus partir.

Mercredi 11 février

11 h 30

Comme tous les mercredis depuis la Grande Crise de la Note, je rejoins Maurice pour lui faire le compte rendu de la semaine précédente. Remonter le moral aux agents satellisés est quelque chose que notre syndicaliste prend très au sérieux.

– C'est toi qui as écopé de la dernière lubie de Fred ?

– Non, tu te trompes complètement. En revanche, j'ai en effet « l'immense privilège de gérer un nouveau dossier particulièrement prometteur ».

– Zoé, c'est la patate chaude de la mairie, ce truc. Personne n'en veut. L'annexe est désaffectée depuis près de dix ans, tu accroches un cadre, le mur s'effondre.

– On utilisera de la Patafix.

– Ça ne te semble pas bizarre que ce soit la Direction Internationale et Européenne qui s'en occupe ?

Dans une collectivité où l'élu en charge du protocole se prend pour le ministre des Affaires étrangères et joue les madones d'aéroports aux frais de la princesse sans que cela pose problème, je n'en suis plus à une absurdité près.

– Pas plus que ça. J'ai récupéré deux dossiers, ça pourrait être pire.

– Si tu arrives à t'en convaincre... tu vas y foutre quoi, dans sa maison du sexe ? reprend Maurice.

– J'ai carte blanche. Pour éviter un infarctus à Géant Vert, je pense me cantonner à des expositions tournantes sur les politiques écologiques des pays membres de l'Union européenne. Une sorte de best of des bonnes pratiques.

– Pas mal, siffle Maurice. C'est toujours mieux que la Culture, qui voulait y installer des associations transparentes ! Tu sais lire ça ? demande-t-il en me tendant un document chiffré.

– C'est le projet de BP, oui.

– Traduis !

– Le Budget Primitif.

– Le budget... ?

– Oui. Qu'est-ce que tu cherches ?

– Une trace de la revalorisation de nos primes. Grand Chef Sioux nous a donné sa parole d'homme.

Je parcours le document rapidement.

– Parole d'ivrogne. Il n'y a rien là-dedans concernant vos primes. Mais si tu veux tout savoir, ils ont budgété 175 000 euros pour les journées portes ouvertes.

Maurice accuse le coup, avant de se tourner vers moi :

– Et toi, ça va ?

J'ai l'impression de vivre une version professionnelle de *Loft Story* où les caméras ont été remplacées par des agents qui filent faire leur compte rendu à Alix et Grand Chef Sioux en échange de la promotion qui leur a été promise.

– Oui.

– Vraiment ?

Je dois remplir une autorisation pour utiliser le copieur, une autre pour passer un appel extérieur et la prise de mes RTT fait l'objet d'une triple validation Simplet-Alix-Grand Chef Sioux.

– Vraiment. J'ai des dossiers, après tout. Le reste, je m'en accommode. J'essaie, en tout cas.

– Tu me le dirais si ça n'allait pas ?

– Probablement pas, non.

Jeudi 12 février

8 h 35

J'arrive au petit déjeuner de travail préparatoire du comité de pilotage de l'atelier présidé par Fred, pour trouver mon élu en plein benchmarking de la femme africaine.

– Celles d'Afrique centrale sont petites, alors que les Africaines du Sud sont souvent grandes et élancées, hyper plus bandantes, expose ce cador de la politique qui, finalement, a le sens du détail.

J'en ai marre. Marre de traquer les caméras pour éviter qu'un journaliste n'immortalise Fred en plein matage – voire palpation – de fessier féminin, marre de bosser pour un obsédé libidineux. L'onction du suffrage universel ne transforme pas les élus en surhommes respectables. Côtoyer Fred pendant deux minutes permet de prendre pleinement conscience de cet état de fait, mais le savoir ne m'empêche pas de le déplorer.

De toute évidence, notre élu du peuple a contaminé les mecs du service. Léon a enfilé son costume de critique cinéma et expose à Garance, qui a manifestement mieux saisi la notion de petit déjeuner que celle de travail, l'intrigue d'un film au titre improbable de *L'Arrière-train sifflera trois fois.* The Gentleman, horrifié, l'écoute expliquer qu'il ne s'agit nullement d'un porno, mais d'un film érotique, et entreprend de lister les différences entre les deux.

Les discussions artistiques de haut vol sont interrompues lorsque Simplet commence à dérouler son inventaire de niaiseries :

– Le Copil de la semaine prochaine est organisé par les agents de la Direction Internationale et Européenne puisque nous avons vocation à être les ensemblateurs de cet atelier.

– Les quoi ? me murmure Coconne à l'oreille.

Assembleurs ? Organisateurs ? Aucune idée ! Je secoue la tête pour montrer à Coconne toute mon ignorance de ce nouveau concept délirant.

– À moins de deux mois de notre mission à Nairobi, il faut que tout soit parfait, insiste Simplet.

Fred feuillette d'un air las le discours que je lui ai préparé et soupire à fendre l'âme.

– C'est vraiment barbant ce que tu peux écrire !

Même en sachant pertinemment que Fred n'allait pas s'écrier que mon discours atteignait les sommets de la rhétorique administrative et immédiatement doubler ma prime, c'est toujours vexant.

– De toute façon, je n'ai pas besoin de ça, j'ai déjà fait des discours techniques sans les avoir préparés et, à l'époque, ça s'est très bien passé.

À l'époque, *Plus près des étoiles* de Gold cartonnait.

– Tu n'es pas dans la bonne vibe, là, enchaîne Simplet. T'es trop dans l'administratif, pas assez dans le politique. Tes graphiques, tes chiffres, tes théories, tout le monde s'en fout ! Pourquoi as-tu mis autant de comparaisons avec ce qui se fait dans les autres pays ?

– Parce qu'elle ne m'écoute pas, intervient Alix. Évidemment, hier soir, je t'ai appelée et il n'y avait personne. Comme d'habitude, Mlle Shepard ne s'investit pas dans sa mission !

Mlle Shepard ne considère pas que faire du présentéisme à outrance en clamant qu'elle est au bord du burn-out, alors que sa principale activité consiste en des allers-retours bureau-machine à café, soit utile. Voilà pourquoi Mlle Shepard quitte le bureau vers 17 heures, lorsqu'elle a achevé ses corvées journalières. Soit deux heures avant le départ d'Alix qui met un point d'honneur à n'envoyer des mails qu'à partir de 18 h 30 en précisant qu'elle sort à peine de réunion et que la soirée va être encore bien longue.

Championne olympique. Discipline ? Parasitisme.

– Quant à tes qualités rédactionnelles, laisse-moi te dire qu'elles sont consternantes, reprend notre bourreau de travail avant de m'indiquer la porte et de conclure : Nous pouvons nous passer de ta présence. Cette réunion est primordiale, nous n'avons pas besoin d'éléments perturbateurs pour foutre en l'air un dossier sur lequel *je* travaille depuis des mois.

Mardi 17 février

15 h 10

Le moment est solennel : il s'agit de la première réunion du comité de pilotage de l'atelier numéro 1. Fred s'est lancé, déclamant un discours sans le moindre chiffre, Simplet arbore le regard attendri d'une jeune mère assistant aux premiers pas de son bébé.

– Quel orateur, quand même, soupire-t-il béatement.

Je me dois d'essayer :

– Rien ne vous choque ?

– Non, c'est parfait, répond-il.

– J'ai imprimé en recto verso le discours de M. Développement-Durable-Arrêtons-le-Massacre-des-Forêts-Je-sais-tourner-une-feuille. Il lit une page sur deux et vous trouvez que tout est parfait ?

Heureusement pour notre crédibilité, la plupart des participants somnolent dans une lente torpeur digestive.

Tout à coup, je sens arriver les prémices d'une catastrophe, lorsque j'entends Fred annoncer :

– Je vais me mettre en danger, je vais dire des choses qu'en tant qu'élu je ne devrais pas, mais à mon âge, le politiquement correct, on s'en fout.

Tiens donc !

Très régulièrement, le Grand Homme « pulvérise la langue de bois » pour nous gratifier de ses pensées soi-disant politiquement incorrectes, qui peuvent être grossièrement classées sous trois formes principales :

1. La déclaration « off » faite à un parterre de journalistes équipés de magnétophones et de caméras, et

dont on sait pertinemment qu'elle deviendra « in » plus vite que n'importe quelle interview officielle.

2. La platitude énoncée après avoir critiqué violemment les bien-pensants, ces êtres lâches qui n'osent rien.

3. Le dérapage non contrôlé où, sous prétexte de spontanéité, il va effectivement se lâcher et étaler son intolérance au grand jour.

Il a testé les trois.

D'un glorieux « la décolonisation a été la plus grande connerie de toute l'histoire et la fin du commerce triangulaire, le début des emmerdements » susurré devant les caméras de notre chaîne de télévision locale à une mémorable interview sur l'air de « La famine est un fléau contre lequel il faut activement se mobiliser », en passant par un « putain, mais en plus d'être nuls en matière de respect des droits de l'homme, ils sont nabots, ces Chinetoques ! » beuglé devant l'interprète de notre délégation chinoise, Fred n'en a pas loupé une.

Tapotant sur son micro pour être sûr d'avoir attiré l'attention de son auditoire, il se gratte la gorge avant de nous gratifier d'un vibrant « oui, cela ne va pas plaire à tout le monde ».

À l'idée d'assister à une tirade sur le respect des droits de l'homme ou la liberté de la presse en Afrique version Fred, je me ratatine dans mon siège en tentant de calculer le meilleur chemin jusqu'à la sortie la plus proche.

Ses premiers mots me font rapidement réaliser qu'il a décidé de taper dans les lieux communs.

– Il faut fédérer les énergies pour sauver la planète...

The Gentleman pousse un soupir :

– J'ai vraiment eu peur sur ce coup-là.

Les novices se regardent entre eux, interloqués : si ça, c'est du politiquement pas correct, alors l'humanité entière peut être cataloguée de rebelle.

Inconscient des ricanements qui parcourent l'assistance, Fred, qui vient de conclure, se tourne vers Simplet :

– J'ai été bon, là, je ne suis pas allé trop loin, au moins ?

– C'était très courageux de ta part, répond mon audacieux boss.

Non vraiment, la Résistance française eût-elle été dirigée par Fred, toute la face de la Terre en eût été changée.

Vendredi 20 février

10 heures

Participer à la mise en place de la chimère écologique de Fred a propulsé la Schtroumpfette dans une phase maniaque. Armée de sa panoplie électronique, elle sautille dans mon bureau et dépose devant moi une pile de notre *Pravda* municipale.

La Lettre de notre Maire est une feuille de chou hebdomadaire à la gloire du Don et de son équipe, indiquant que le grand homme a inauguré un rond-point, s'est rendu dans une école ou a assisté à une conférence dont le thème est soigneusement occulté. Elle permet aussi de diffuser une série de photos le montrant hilare, serrant la main à des élus nationaux dont il rêve de prendre la place tout en jurant ses grands dieux du contraire.

Selon la bonne théorie du « mon chien n'aime pas les saucisses », le Don répète à l'envi qu'il est élu local dans l'âme et farouchement opposé au cumul des mandats.

L'amour inconsidéré du Don pour le mandat unique est exclusivement dû aux cuisantes défaites qu'il a essuyées à tous les autres scrutins auxquels il s'est présenté depuis vingt ans. Car, comme la plupart des responsables politiques, le Don affirme avant chaque élection qu'assumer plusieurs fonctions est le parfait moyen pour rester au contact de la réalité et que cumuler plusieurs emplois officiellement à temps plein serait idéal pour lui qui a besoin de très peu de sommeil, déteste les vacances et est l'organisation faite homme. Notre politicien hyperactif ne cracherait surtout pas sur le cumul des indemnités et l'extension du réseau apportée par cette exception française.

Son appétence pour les mandats locaux est tout autant factice : si, demain, il était nommé ministre, il deviendrait immédiatement le chantre d'une recentralisation implacable. Un mandat national est au Don ce que la valériane est au chat.

– L'idée de maison SECS de Fred est vraiment un beau projet, s'extasie Garance qui fait son retour dans nos réunions après avoir mystérieusement disparu pendant un mois. Elle en profite pour se lancer dans un panégyrique des inaugurations, for-mi-dables outils de démocratie participative, soit l'un des thèmes majeurs de la campagne du Don, si l'on se réfère à la page 4 du numéro 372 de mars dernier.

En guise de promotion de la démocratie participative, la campagne municipale avait démarré par des promesses d'autant plus intenables que le Don et son équipe de winners n'avaient pas l'ombre d'une intention de les tenir une fois réinstallés sur leur trône pour six années supplémentaires. Elle s'était achevée dans une fange de diffamations entre les deux finalistes. Usage d'emplois fictifs pour le premier, accusation de sexualité débridée pour le second, choix entre la peste et le choléra pour le citoyen.

Les résultats du premier tour étant mitigés, le Don avait dû se plonger dans les délices du speed-dating de l'entre-deux-tours et faire les yeux doux au parti qui s'était taillé la part du lion parmi les partis non qualifiés : les Verts.

– L'écologie est vraiment un thème qui tient à cœur à notre maire, m'explique la Schtroumpfette. Il en avait déjà fait son fer de lance en 2002, précise-t-elle.

Logique. Le Don est toujours prêt à expliquer qu'un projet politique s'inscrit sur le très très long terme.

Notre héraut de la démocratie n'abandonne jamais un projet. Il le répartit sur plusieurs mandatures.

– J'ai plein d'idées, me confie notre chargée de com. Je vais twitter la construction de la maison SECS. Je pense avoir suffisamment de FF[1] pour que ce type de micro-blogging fonctionne.

– Je suis sûre qu'une fois que vous lui aurez expliqué ce que c'est, Fred sera ravi d'être sur internet.

– Tu crois que Nicolas serait intéressé par une participation à la table ronde ? demande-t-elle pendant que nous nous dirigeons vers le parking.

Une séance de verbiage menée par des pros en la matière et la possibilité pour Simplet de s'écouter parler ?

1. Le Follow Friday (FF) est utilisé sur Twitter par le titulaire d'un compte pour faire découvrir aux personnes qui le suivent un autre compte qu'il apprécie.

Il va adorer.

– Probablement, mais posez-lui la question, vous serez fixée.

– Parce que j'ai été contactée par un ami qui m'a demandé si je connaissais un spécialiste des affaires européennes et j'ai immédiatement pensé à Nicolas, m'explique-t-elle avant de discourir sur les incroyables qualités intellectuelles de Simplet, dont, de toute évidence, beaucoup ont dû m'échapper.

11 h 15

– C'est parfait, s'extasie la Schtroumpfette en mitraillant la ruine avec son iPhone, pendant que j'essaie de me rappeler où j'ai lu que le béton et la laine de verre étaient des matériaux durables.

Nous sommes devant la maison SECS qui va relancer l'image de notre belle cité.

– Êtes-vous vraiment certain qu'il n'y a pas un autre bâtiment ?

– Non, c'est l'unique annexe désaffectée de la mairie, nous garantit le gardien pendant que le maître d'œuvre contemple le taudis qu'il est censé transformer en bâtiment Haute Qualité Environnementale et que Géant Vert tire nerveusement sur sa cigarette en évaluant le montant des travaux à effectuer.

Notre expert gratte un mur qui commence à s'effriter :

– Pas besoin d'avoir fait les Ponts pour comprendre qu'il faut tout casser et construire une maison écologique machin-bidule provisoire. À part les termites qui sont 100 % biologiques, il n'y a rien à récupérer. Je me demande même s'il n'y a pas d'amiante.

– Vous plaisantez ? demande Géant Vert en allumant une autre cigarette avec le mégot de la précédente.

– En février, le maire a dit, je cite : « En vue d'une qualité démocratique accrue, je propose une série de mesures innovantes et durables. Et puis solidaires et citoyennes aussi, car la solidarité et la citoyenneté, c'est important pour la mairie », nous interrompt la Schtroumpfette dont on avait fini par oublier la présence.

– Fred a déjà prévenu la presse ? s'étonne Géant Vert en avisant l'improbable panoplie de la nouvelle recrue de Simplet.

– C'est Garance, notre chargée de com. Elle va s'occuper de la promotion de la maison auprès du grand public. Fred veut mettre le paquet sur la communication autour de ce projet.

– Je suis face à un cruel dilemme, nous avoue Garance. Fred veut que la présentation ne dure que dix minutes, ce qui fait moins de quinze slides. Je voudrais en passer vingt. Je ne sais vraiment pas comment je vais faire.

Bienvenue dans le monde merveilleux de la com où PowerPoint est devenu une unité de mesure.

Nous la laissons gazouiller pendant que Géant Vert m'attire à l'écart :

– J'espère que vous savez que vous avez mon soutien. Plus officieusement que je ne le voudrais, mais j'ai besoin de passer hors classe pour fuir ce cauchemar !

Je le fixe d'un air mauvais.

– Comment la note que je vous ai adressée s'est-elle retrouvée à faire la une des ragots de la mairie ?

Géant Vert sort un mouchoir pour se donner une contenance.

– Vous avez dû penser que j'étais un bel enfoiré.

– J'avoue que ça m'a traversé l'esprit.

– Je n'ai pas communiqué votre note, je l'avais reformulée en langage diplomatique pour expliquer que nous ne pouvions pas employer le cabinet Lambron sur le dossier des Assises.

– Et ?

– Barbara Lambron l'a récupérée et diffusée en haut lieu. Elle a été promue.

La délation reste une valeur sûre dans notre douce mairie.

– Le problème est que vous les prenez toujours de front, se lance Géant Vert. Vous vous souvenez de l'audit sur l'absentéisme ?

– Difficile à oublier !

– Le maire a décrété que ces piètres résultats étaient la conséquence de l'inadaptation de nos locaux à un service public efficient et moderne. Que les agents étaient des cadors qui n'attendaient qu'un déménagement pour montrer à la terre entière de quoi ils étaient capables. Et qu'il fallait donc construire au plus vite une nouvelle mairie.

– C'est la classe. On se sent tout petit.

– Au lieu d'expliquer que le problème vient plus de la queue de vache que certains ont dans la main et du népotisme en vigueur qui propulse au sommet des crétins de compétition, j'ai mandaté une étude au rabais, vingt slides d'un PowerPoint minable expliquant que les citoyens étaient attachés à leur mairie et que déménager serait très mal vu politiquement. Stratégie win-win.

– Si l'on calculait le nombre d'études qu'on finance pour apprendre des choses qu'on sait déjà, ça ferait peur !

Géant Vert avise la Schtroumpfette occupée à escalader un arbre pour prendre une photo du toit de la masure éphémère. Il secoue la tête d'un air las et me tend son paquet de cigarettes :

– Qu'attendez-vous, exactement ? Que Fred réalise que le budget de la mairie n'est pas l'annexe de son portefeuille personnel ? Ça n'arrivera pas. Il faut composer avec ce qu'on a et limiter les dégâts.

– Et pour le palace en papier recyclé de Fred ?

– On casse tout, on construit une paillote en bois recyclé à la place, vous me fournissez de quoi faire une exposition et on arrête les frais. Je vous invite à déjeuner.

13 heures

Nous entrons dans un bar PMU situé aux antipodes de la mairie. Géant Vert souhaite apparemment éviter d'être vu en ma compagnie et les principaux restaurants de la ville sont pris d'assaut par tout ce que la mairie compte de chefs et de sous-chefs.

– J'ai appris que Maurice organisait un sit-in à la mairie, commence-t-il. Et vous savez, bien que les textes de lois le disent, être syndiqué n'est pas ce qu'il y a de mieux pour booster une carrière. Participer à un piquet de grève en plein milieu du hall de la mairie va vous valoir de longues années de placard.

– Pas un grand bouleversement dans ma vie, donc.

– Entre être loyale et suicidaire, il y a un juste milieu. Voilà ce qu'on va faire. Imaginez que je suis l'élu aux ressources humaines. J'arrive dans le hall pour parlementer. Que faites-vous ?

– Je boucle ma ceinture de chasteté.

– Zoé, soupire Géant Vert. On y va : « C'est quoi l'ordre du jour ? »

– La revalorisation des primes des agents de la mairie, hors personnel d'encadrement.

– Le communisme est mort. Lâchez-moi avec votre lutte des classes.

– Marx est mort, pas le communisme. Parfois, je me demande si vous n'êtes pas un peu de droite, en fait.

Géant Vert soupire :

– On reprend. Mode « diplomatie ». Le Budget Primitif a été voté. Que voulez-vous que j'y fasse si les caisses sont vides ? La mairie est exsangue.

– Préparez un budget supplémentaire comportant une baisse des dépenses de fastes inutiles et une augmentation raisonnable des primes des catégories B et C !

– Mais c'est la crise, budget supplémentaire ou pas !

– Pas pour tout le monde, si j'en crois les hausses significatives des rémunérations de certains cadres. Et consacrer plus d'un million d'euros pour les frais de réception est indécent !

– Pour ce que vous branlez, vous êtes déjà trop payés. Douze euros supplémentaires, c'est largement suffisant.

– Il dirait vraiment ça ?

– Il l'a dit la semaine dernière en comité, avoue Géant Vert.

Si cette remarque ne concernait que les recrutés sur carnet d'adresses de la mairie, tout ne serait pas faux dans son propos. Mais à la mairie, les catégories B et C n'abritent qu'une minorité de glandeurs. Souvent en contact direct avec le citoyen, ils n'ont tout simplement pas la possibilité de rester les yeux dans le vague devant Facebook comme une trop grande partie de nos cadres.

– De toute façon, qu'est-ce que vous foutez là, d'abord ? Depuis quand les administrateurs se syndiquent-ils ?

– C'est exactement la question que m'a posée la DRH !

– Je sais, elle m'a demandé pourquoi vous traîniez avec la CGT... Et que lui avez-vous répondu ?

– Je ne m'en souviens pas, mais aujourd'hui, je lui répondrais : « Depuis qu'on leur fait envoyer des grille-pain au Kenya. »

– Vous plaisantez ?

– Si seulement... Et la suite diplomatique, c'est quoi ? Je me jette à ses genoux en implorant son pardon pour m'être égarée à ce point, avant de résilier mon adhésion au syndicat ?

– Non. Vous apportez à Maurice la compétence technique dont il a besoin, mais n'en faites pas plus ou alors je serai obligé de tourner la tête pour ne pas assister à votre massacre. Il faut trouver le juste équilibre, conclut-il en noyant ses frites sous un jet de mayonnaise. Comprenez-moi bien.

– « Comprendre. Toujours comprendre. Moi, je ne veux pas comprendre[1]. »

– Sans la petite Zoé, ils auraient tous été bien tranquilles, c'est ça ? Antigone meurt à la fin, vous savez.

– J'envisage plutôt un détachement, en fait.

1. Jean Anouilh, *Antigone*, 1942.

Mars

I'm not drowning

> Les ennuis, c'est comme le papier-toilette, on en tire un, il en vient dix.
>
> Woody Allen

Mardi 3 mars

10 heures

Le mois précédant le départ en mission pourrait être rebaptisé « Mois de Murphy », tant les emmerdements les plus insoupçonnables surgissent de nulle part.

Enfin, du Gang des Chiottards pour 99 % d'entre eux.

Je suis en plein processus de prosternation téléphonique auprès de l'attaché de presse de l'ambassade du Kenya en France lorsque Alix débarque et claque violemment la porte. Elle me lance un épais dossier que je ne rattrape pas et qui va s'éventrer par terre.

– J'en ai ras le bol de ton incompétence et de ton attitude ! Ce qui nous arrive est horrible et tu oses prendre ça à la légère ?

– Ton Bluetooth est en panne ?

– Non ! Les ressources humaines n'ont pas réservé nos billets. Il n'y a plus assez de places en business pour toute la délégation.

Alors, là, ça devient intéressant.

– Suis-moi, j'ai réussi à monter une réunion improvisée !

Non. Un tribunal, qui, pour une fois, a un objectif précis : trouver un coupable et le lyncher devant témoins pour se défausser de toute responsabilité.

Je ne me fais aucune illusion sur la cible du Gang et attrape mon dossier couverture contenant tous les justificatifs envoyés aux services depuis près de deux mois, avant d'emboîter le pas à Alix.

10 h 15

Je n'ai pas le temps de m'asseoir que Grand Chef Sioux éructe déjà :

– C'est ton dossier ! Nous passons l'éponge sur ton attitude déplorable et nous voilà largement remerciés de notre mansuétude !

– Bonjour, monsieur.

– C'est ton dossier, tu es responsable de ce fiasco, renchérit Alix.

Je me tourne vers Simplet :

– La note que j'ai rédigée pour la réservation des billets a été validée il y a plusieurs semaines. Puis-je savoir pourquoi les billets n'ont pas été réservés à ce moment-là comme convenu ?

– C'est ton dossier. Je refuse d'endosser tes problèmes. C'est clair ?

– Très clair, mais ne croyez-vous pas que les élus vont se dire que le problème vient de vous lorsqu'ils verront que vous avez bien reçu ma note validée par le Cabinet du maire et que les billets n'ont pas été commandés ?

Simplet commence à avaler sa salive convulsivement tandis qu'Alix semble à deux doigts du malaise vagal.

– Tu veux dire que nous n'avons pas de billets ? semble réaliser mon boss pendant que Grand Chef Sioux lève les yeux au ciel et observe :

– Ça ne fait qu'un quart d'heure qu'on le répète en boucle, tu comprends vite !

– Mais comment on va faire ? reprend notre fin limier.

– Bah ! on s'inquiète peut-être pour rien. L'important pour les chefs d'entreprise, c'est de réseauter et de scorer. Ils ne vont sans doute pas avoir de problème à voyager en classe éco, déclare Communicator pendant que Simplet hoche la tête avec satisfaction.

Après tout, on a vu, souvent, rejaillir le feu de l'ancien volcan qu'on croyait trop vieux.

– C'est vrai, on s'inquiète peut-être pour rien. Après tout, business ou éco, la destination est la même, hein ? déclare Alix.

– Loin de moi l'idée de verser un seau d'eau glacée sur tant d'enthousiasme, mais laissez-moi vous dire que j'en doute.

– C'est ton dossier, tu devrais être contente qu'on y apporte une solution, parce que si l'on ne comptait que sur toi pour résoudre les problèmes...

– Comment ça, voyager en éco ? nous interrompt Fred qui vient de débarquer dans la salle de réunion.

– C'est-à-dire qu'il semblerait que les billets n'aient pas encore été réservés et qu'il n'y a plus assez de place en business pour toute la délégation, s'étrangle Simplet.

– Tout est de la faute de la direction générale, explose Communicator pendant que Grand Chef Sioux glapit d'indignation.

Simplet se redresse comme un pantin dont on aurait tiré les ficelles.

– Oui, oui, oui, exactement. Ce sont eux qui sont chargés de réserver les billets ! Ils ont fait une erreur impardonnable !

Je ne m'attendais pas à ce que Simplet se révèle à ce moment-là, mais sa réaction me paraît encore plus minable que d'habitude.

– C'est le dossier de Zoé, précise Alix généreusement.

Mon élu se tourne vers moi, le regard mauvais :

– Combien reste-t-il de billets en business ?

– Cinq.

– Tout le monde voyagera en classe éco, sauf le maire et moi.

Tel un phénix qui tenterait de renaître de ses cendres mais aurait quelques ratés, Simplet se tourne vers Fred avant d'objecter :

– Et moi, alors ? Je suis directeur de la DIE…

– Pour autant que je sois concerné, vous pouvez aussi bien vous rendre à Nairobi en 2 CV. Mais puisqu'il reste cinq places, je ne vois pas d'inconvénient à ce que vous en occupiez une, conclut-il, bon prince, avant de sortir du bureau.

– Au fait, Zoé, pour les visas journalistes, ça donne quoi ? demande Communicator.

– J'avoue être moins inquiète.

– Vraiment ? Tu vas les obtenir ?

– Je n'en ai strictement aucune idée. Mais si vous faites voyager les VIP en classe éco, que les journalistes ne soient pas là pour immortaliser la scène n'est peut-être pas une si mauvaise chose…

Vendredi 6 mars

14 h 30

– Coralie, j'aurais besoin de votre aide pour les réservations des billets d'avion.

– Ben, oui, mais là, je bilanise le tableau, m'informe Coconne.

– Quel tableau ?

– Le tableau des process. C'est M. Baudet qui…

Son vocabulaire a, de toute évidence, été enrichi par le contact prolongé avec Simplet.

– Finalement, je ne suis pas certaine de vouloir savoir. Pour en revenir à des considérations bassement matérielles, j'aurais besoin que vous téléphoniez à l'agence de voyages pour confirmer les trente-huit allers-retours Paris-Nairobi via Amsterdam que nous avons pré-réservés.

– Je peux faire la simulation directement sur le site.

– Non, il faut passer par la plate-forme, à cause du marché.

Nous avons conclu un marché public très avantageux : outre le fait de pourrir la vie du service qui l'a rédigé et de nous obliger à prendre toujours la même compagnie aérienne, il a l'avantage de doubler les prix des billets.

Le téléphone. Je décroche et la voix de Communicator explose :

– J'ai appris qu'il n'y avait pas possibilité d'avoir de dîner végétarien dans l'avion ! C'est un scandale !

Au moins.

– J'espère que vous comptez faire quelque chose pour régler ce problème.

Non.

– Évidemment.

– Et quel mode d'action avez-vous envisagé ?

Rapporter une boîte de petits pois bio et te la refiler à l'heure du repas ?

– Je peaufine actuellement un plan des plus complexes et le révéler serait préjudiciable à sa réussite.

– Je veux un feed-back immédiat !

Le hurlement de Communicator me fait pleinement réaliser que j'ai de toute évidence sous-estimé l'importance de la Grande Crise du Haricot Vert.

Je fonctionne mieux en stéréo.

C'est du moins ce que Coconne semble penser lorsqu'elle se tourne vers moi et marmonne quelque chose d'incompréhensible. Pourquoi n'est-elle pas dans son bureau, au téléphone avec notre plate-forme de réservation de billets, d'ailleurs ?

Je pose le combiné.

– Qu'est-ce qui se passe ?

– Voilà, j'ai bien réfléchi, commence-t-elle. Il faut que vous demandiez à l'agence des places soit à l'avant, soit à l'arrière de l'avion. Dans *Lost*, seuls les passagers assis à ces places ont survécu.

Les scénaristes hollywoodiens ne réalisent pas l'impact de leurs écrits sur les cerveaux défaillants. Moi, j'en subis directement les conséquences.

– Coralie, j'espère que vous réalisez pleinement que nous ne sommes pas dans un épisode de *Lost*.

– Oui, enfin, pas vraiment, concède-t-elle.

– Non. Pas « pas vraiment ». Pas du tout. Sans compter que pour un trajet Paris-Nairobi, les risques de se crasher sur une île du Pacifique sont… comment dire ?

– Faibles ? propose-t-elle.

– Inexistants.

– À votre place, je ne serais pas aussi sûre, décrète-t-elle.

– Coralie, sur ce coup-là, j'avoue être très confiante.

Cela ne réussit manifestement pas à décourager Coconne qui se lance dans un argumentaire étonnamment efficace. Et que l'avion peut être détourné. Et qu'il peut y avoir du brouillard obligeant le pilote à changer d'itinéraire. Et qu'il peut y avoir un incident technique.

– Tout de même, réplique-t-elle.

Elle va finir par nous porter la poisse avec ses idées à la con.

– Oh, ça va, ça va !

– Vous ne direz pas ça lorsque vous serez toute seule avec Fred sur une île déserte, rétorque-t-elle en me lançant un regard offensé, avant de rajouter : Il va venir vous voir à midi, au fait.

– Midi ? Mais il est midi !

– Zoé, il y a quelque chose que je ne comprends pas, m'annonce ledit Fred qui, pour une fois, malheureusement, est ponctuel.

Une seule chose ? Il progresse !

Un grésillement m'informe que Communicator n'a pas fini son caprice. Je raccroche et débranche la prise.

– Je vous écoute, monsieur Mayer.

– Voilà. J'ai téléphoné personnellement au consulat de France au Kenya pour qu'une voiture et une escorte soient mises à la disposition de la délégation, et cela m'a été refusé, s'étonne-t-il avec toute la candeur d'un enfant de trois ans qui vient de réaliser que le monde ne tourne pas autour de lui.

– Ah.

– Ils ont osé me dire qu'ils manquaient de personnel ! C'est inacceptable, tu m'entends, Zoé ? In-ac-cep-ta-ble. Je suis désormais le numéro 2 de la mairie et ministrable, continue-t-il avant de se tourner vers moi et de me poser la question qui tue : Tu imagines un peu ?

Ni un peu ni beaucoup, à vrai dire.

– Je veux une voiture et une escorte ! exige le soi-disant ministrable. Lors de ma dernière mission à l'étranger, plus de deux mille personnes avaient été mobilisées, le gouverneur du Jilin m'avait réservé une limousine de neuf mètres et une dizaine de jeunes femmes m'avaient accueilli avec des colliers de fleurs autour du cou, déclare Fred, en soupirant d'extase.

Des colliers de fleurs autour du cou ? En Chine ? Qu'avait-il picolé dans l'avion ?

– Je ne plaisante pas, Zoé ! Ton job, c'est de régler ce genre de problème !

Le pire, c'est que c'est vrai. Exécuter les caprices de diva de ce crétin fait partie intégrante de mon job.

– Oui, oui...

– Non, parce que là, tu as vraiment l'air de n'en avoir rien à foutre ! tonne-t-il.

– Pas du tout. Je prends sur moi. Intérieurement, je suis dévastée.

Lundi 9 mars

9 h 10

Alors qu'elle est incapable d'arriver à l'heure à une réunion, Alix se montre particulièrement ponctuelle lorsqu'elle débarque dans mon bureau en éructant que ce n'est plus possible de travailler avec des amateurs pareils.

– Qu'est-ce qui se passe ?

– Qu'est-ce qui se passe ? suffoque-t-elle, indignée. Mais ton dossier Kenya pour les participants de la mission, c'est du grand n'importe quoi, voilà ce qui se passe ! Tu vas me le refaire sur-le-champ !

Je parcours rapidement la dizaine de feuillets afin de voir ce qui a déclenché la dernière crise. Cinq pages de généralités sur le Kenya, la présentation des Assises et de leurs ateliers thématiques, ainsi que deux pages de logistique. Pas de quoi révolutionner la pensée, mais pas de quoi non plus provoquer un caprice de si bon matin.

– Je ne vais rien refaire du tout, il est tout à fait convenable.

Habituée à voir ses quatre volontés exécutées une nanoseconde après qu'elle en a donné l'ordre, Alix grogne, avant de s'appuyer sur mon bureau et d'approcher dangereusement son visage chevalin du mien.

– C'est moi qui décide si un dossier convient. Il manque des pièces !

Nous sommes à présent nez à nez et je résiste de plus en plus difficilement à l'envie de lui proposer un Tic-Tac.

– Lesquelles ?
– Le plan de Nairobi, pour commencer.
– Il est dans les annexes, avec les numéros à contacter en cas de problème.
Alix recule son visage de quelques centimètres.
– Et comment est-on censé savoir qu'il y a des annexes ?
– En lisant la table des matières, par exemple.
– Tu es en train de me dire que je n'ai pas compris comment lire ton dossier ?
Si, mais de travers.
– Non.
– Admettons qu'il ne manque pas de pièces, concède-t-elle avant de s'asseoir. Il n'empêche que ce dossier, en l'état, n'est absolument pas communicable, rajoute-t-elle en soupirant.
Je comprends à son reniflement que mon dossier va faire l'objet de CAC. Critiques à la con.
Je me renfonce dans mon siège et attends.
Bien qu'elle ait décrété avec la nervosité d'un médecin de garde appelé pour une urgence qu'elle devait partir immédiatement, Alix s'incruste logiquement une bonne demi-heure pour critiquer la mise en page et l'alignement imparfait de mes graphiques.
Après m'avoir fait changer trois fois de police et d'alignement pour finalement revenir aux paramètres initiaux, Alix enregistre mon dossier sur sa clé USB et quitte mon bureau, non sans avoir marmonné quelques jugements peu flatteurs sur mes capacités.

14 h 45

Je plisse les yeux devant mon PC. Ma note à Géant Vert concernant la maison écolo-dingo de Fred n'avance pas depuis ce matin. Je récupère les éléments au compte-gouttes et suis incapable d'avoir une vision d'ensemble. Je feuillette un rapport de l'Adème[1] en relisant pour la troisième fois la même phrase, lorsque ma porte s'ouvre à la volée.

– J'ai vos fournitures, annonce Coconne en pénétrant comme une furie dans mon bureau et en me tendant les stylos destinés au Gentleman.

– Mais ces feutres sont secs…

– Ben oui, me répond-elle comme si cela allait de soi.

Très bien. Inspiration. Expiration. Voix calée sur « suavité extrême ». On récapitule.

– Vous êtes donc au courant que ces stylos n'écrivent pas et qu'accessoirement il manque un bouchon sur deux.

– Ben oui. Je les ai choisis exprès pour leur handicap.

– Leur handicap ? Nous parlons toujours des stylos ou vous avez démarré un élevage de chiens à trois pattes dans le patio ?

– Mais si, moi, je ne les prends pas, personne ne voudra d'eux, se défend-elle tandis que mon collègue affiche une expression de terreur consternée face à notre nouvelle Protectrice des Objets Cassés à qui l'on ne donne pas assez leur chance.

La sonnerie du portable de The Gentleman retentit.

---

1. Agence de l'environnement et de la maîtrise de l'énergie.

– Super ! La musique de la pub Vania ! s'écrie Coconne en battant des mains.

– Verdi a effectivement composé *La Traviata* en pensant à un paquet de serviettes hygiéniques, confirme The Gentleman. Zoé, Sylvie Mercier vous attend dans son bureau immédiatement.

15 heures

Je me dirige à reculons vers l'antre de la revêche spécialiste des « relations humaines ».

– Bon…

– Je n'irai pas par quatre chemins, me coupe-t-elle. Votre N + 1 juge indispensable que vous suiviez une formation en communication, parce que c'est vraiment plus possible.

– Mon N + 1 ?

– Nicolas Baudet, votre directeur.

Elle me tend une liasse de documents et je commence à parcourir rapidement les offres de formation. La plus bidon d'entre toutes est surlignée en vert fluo :

– Exprimer pleinement ses capacités relationnelles ?

Ou comment m'avoir dégoté une formation fondée sur deux postulats dramatiquement erronés : l'existence de quelconques capacités relationnelles chez moi et ma volonté de les exprimer pleinement.

– Je pense que votre N + 1 a voulu dire que vous devriez être plus… docile…

– Ah…

– Il est impératif que vous appreniez à respecter les ordres !

Les formations dispensées par la mairie donnent un avant-goût de l'enfer.

Dispensées par les rejetons spirituels de Simplet et de la Schtroumpfette qui se gargarisent de grands mots, elles ont, comble de l'horreur, lieu dans des salles sinistres qui n'offrent aucune possibilité de se connecter à internet. Et celle que m'a choisie la DRH n'a même pas l'avantage de dissimuler derrière un titre ronflant la nullité de son contenu.

– La formation débute lundi, donc vous téléphonez à *cette personne* et vous lui demandez de vous y inscrire, m'ordonne-t-elle avant de se lever et de m'indiquer la porte d'un battement de mains.

15 h 25

J'appelle *cette personne* et lui indique l'intitulé de la formation à laquelle la DRH a décidé de me traîner par les cheveux.

– C'est une excellente formation, approuve-t-elle.

J'ose espérer que c'est de l'ironie, sinon, elle a vraiment des goûts morbides.

Cette personne m'explique qu'il est impossible de m'inscrire, puisque la formation commence après-demain et que le courrier vient de passer. Or si elle poste demain matin la convocation à la formation, celle-ci n'arrivera pas avant le début des cours.

Cornélien problème, effectivement. Je ne vois aucune issue à ce terrible obstacle.

Lorsque je pense que des personnes malintentionnées osent clamer que les agents de la mairie ne sont pas confrontés à de vrais problèmes, ça me démonte.

Comment récupérer une convocation émanant d'un service qui doit bien se trouver à deux cents mètres de mon bureau sans passer par la Poste ?

Qu'Obama ne vienne pas se plaindre qu'il a la crise économique à endiguer, parce que, comparé à ce challenge, c'est peanuts !

Un profond soupir, suivi d'un morne « je ne vois pas de solution », me tire de mes pensées et j'émets la remarque qu'étant donné qu'elle travaille à l'étage au-dessus, peut-être puis-je aller récupérer moi-même la convocation.

– Mais vous n'y pensez pas ! La procédure indique clairement que la convocation doit être envoyée par courrier à l'agent. Et non remise de la main à la main.

– Y a-t-il quelque chose qui indique le contraire ?

– Mais je ne peux pas modifier les procédures sans l'accord de ma hiérarchie ! Et elle-même doit se réunir en groupe de travail pour en discuter préalablement, continue-t-elle, apparemment sous le choc. Non, non, non, ce n'est pas possible… Attendez, j'ai peut-être une solution… Je peux vous proposer une place pour une formation à Excel.

Je m'entends protester mollement que je maîtrise Excel et que je ne suis pas persuadée que réapprendre à faire des tableurs me permette d'atteindre l'objectif que mon N + 1 a assigné à ma formation (pour mémoire : me rendre plus docile).

– Ta-ta-ta, c'est une excellente formation, je vous inscris et vous envoie la convocation…

– Mais vous êtes sûre qu'il n'y a vraiment aucun moyen d'assister à une formation différente ? Je sais déjà manier Excel.

Le claquement de langue désapprobateur que j'entends à l'autre bout du fil m'indique que ma question n'est pas la bienvenue.

Au bout d'une minute de silence, je me lance :

– Vous êtes toujours là ?

– Je ne comprends pas pourquoi la formation Excel ne vous convient pas, répond-elle d'une voix de martyre. Elle est excellente...

– Je n'en doute pas, mais mon directeur souhaite que je suive une formation de communication, pas de bureautique.

– Forcément, si vous ne me donnez pas toutes les informations, je ne vais pas les deviner, rétorque-t-elle aigrement. Je vais donc vous inscrire à la formation. Ça vous va, non ?

Non.

– Oui. Merci.

Mercredi 11 mars

9 h 30

L'épreuve a lieu dans un local lugubre dont j'ignorais même l'existence. Les cinq autres ingérables de la mairie et moi disposons de chaises en formica face à une petite estrade. Un type des affaires culturelles chancelle lorsqu'il réalise qu'il n'a qu'une barre de réseau sur son BlackBerry et se colle près de la fenêtre où une seconde apparaît par intermittence.

– Bonjour. Je suis ravie de voir que vous êtes aussi nombreux, s'enchante notre formatrice devant la salle à moitié vide. Avant de commencer, je tiens à vous dire que je me vois plus comme un coach que comme une simple formatrice.

Tout en égrenant une liste de préceptes pompeux, elle lisse les pans de sa robe de bure à mi-chemin entre la burqa et la tenue de Maître Yoda. Ce n'est pas une formation qu'elle s'apprête à nous dispenser, mais une séance de thérapie collective. Tout en remplissant une grille de sudoku, je l'écoute expliquer qu'elle a travaillé non seulement au centre de gestion, mais aussi à mon école de formation. Sachant que, côté consultants, c'est la cour des miracles, j'ose dire, sans exagérer, que ça ne peut pas être pire.

– Communiquer, c'est mettre en commun, nous explique-t-elle. Un émetteur s'adresse à un récepteur. Je vais vérifier vos capacités d'émission. Chacun d'entre vous va mettre un crayon dans sa bouche et répéter : « Bonjour, suis-je bien chez ce cher Serge ? »

– C'est une plaisanterie ? demande un chargé de mission.

– Nous pouvons entrer directement dans le vif du sujet, si vous préférez. Mais le premier point primordial est l'entraînement à la position méta qui est une exigence de la posture de cadre, annonce le coach. Il s'agit de prendre physiquement ou de façon imaginaire une autre position d'observation pour s'auto-examiner. Vous comprenez ?

– Bienvenue dans l'univers merveilleux de la schizophrénie, développe mon voisin.

Devant notre manque évident de bonne volonté, Maître Yoda décide de passer aux choses sérieuses, la grande règle du DRAGUER : « Rentrer en communication avec l'Autre de la meilleure façon tout en allant au fond de soi-même pour en faire émerger le meilleur. »

Effondrée, je suis.

– Répétez après moi : « Décontraction, Respiration, Articulation, Gestes, hUmeur, Écoute, Regard. »

Nous nous exécutons de mauvaise grâce pendant que notre gourou nous explique que notre paraverbal nous trahit. Son expérience lui permet d'analyser nos outils PNL[1] et ce qu'elle constate ne lui plaît guère. Peut-être qu'après une pause, nous serons plus enclins à optimiser nos qualités relationnelles par l'écoute et l'empathie ?

Mes cinq codétenus se lèvent et se ruent vers la sortie.

– Voulez-vous que j'étudie votre cadre de référence pendant notre première pause timée ? me demande-t-elle.

– Mon quoi ?

– Le prisme déformant que vous avez bâti durant votre vie et qui vous permet d'interpréter les situations auxquelles vous êtes confrontée, les mots que vous entendez. Que voyez-vous sur cette image ? Une jeune femme ou une sorcière ? J'ai besoin de savoir comment vous réalisez le test de l'image de Boring.

J'agite mon téléphone, pourvoyeur inépuisable de bonnes excuses pour s'éclipser, avant d'annoncer :

– Aussi tentante que soit l'idée d'avoir mon cadre de référence étudié de fond en comble, je souhaite profiter de la pause pour régler quelques urgences...

– Mais ce test est très intéressant.

– Les deux. Je vois les deux : le menton de la jeune femme correspond au nez de la vieille.

Je file dans le couloir. Trois appels en absence. Tous de Coconne qui veut savoir, pêle-mêle : si les participants à la mission doivent inscrire « tourisme » ou « voyage

1. La Programmation NeuroLinguistique ou PNL est l'ensemble de modèles et de techniques de développement personnel destinés à améliorer la communication entre individus et à s'améliorer personnellement.

professionnel » sur leur demande de visa – la question mérite effectivement que l'on s'y penche ; si l'accompagnatrice du Don est sa femme ou Barbara – la seule activité partagée par le Don et son épouse étant de remplir une déclaration d'impôts commune, je penche pour notre directrice du développement économique ; enfin, si je peux rappeler l'un des Gentils Membres qui ne sait pas comment répondre au questionnaire médical de sa demande de visa.

Obtenir un visa pour le Kenya nécessite de remplir un formulaire incluant une partie « santé ». Lorsque le questionnaire demande si on a une maladie vénérienne, la logique voudrait que même si on a le fondement recouvert de pustules, on coche la case « non », en espérant qu'après quelque dix-sept heures de voyage elles n'aient pas explosé en vol.

Si le questionnaire demande si on a déjà fait partie d'une organisation terroriste, il me semble que même le numéro 2 d'Al Qaida aura la présence d'esprit de répondre que « non, ispice di counasse, évidemment que moi, ji suis pas oune terroriste, tou plaisantes ? ».

Curieusement, cette logique n'est pas partagée par tout le monde, et ce, même si la propension des douaniers à examiner la trentaine de pénis dont les propriétaires aspirent à entrer sur leur territoire me paraît somme toute limitée.

– Bonjour, Zoé Shepard, de la mairie. Vous aviez besoin d'un renseignement ?

– Oui, je voulais vous poser une question à propos du questionnaire que vous m'avez envoyé pour obtenir mon visa. C'est un peu personnel, m'explique une voix grave et désincarnée.

– Je vous écoute.

– J'ai eu une maladie vénérienne, il y a quelque temps.

Ah oui, *un peu* personnel...

– Mais maintenant, il va beaucoup mieux et ne présente presque plus de vésicules.

– Mais qui, « il » ? Je croyais que vous parliez des problèmes que *vous* rencontriez pour remplir votre questionnaire.

– Ben, oui.

Je ne sais pas pourquoi j'ai insisté. Un moment d'égarement, sans doute.

Depuis, je ne suis ni tout à fait la même ni tout à fait une autre.

– Alors, qui est ce « il » ?

– Ben, mon pénis.

Ni fleurs ni couronnes.

14 h 30

– Au commencement était l'écoute, annonce notre formatrice tandis qu'un des participants laisse échapper un gémissement d'agonie.

L'épître selon saint Yoda est une merveille de style, une compilation d'acronymes et d'anglicismes dévidée d'une voix glucosée qui me fait me demander si le but de cette torture n'est pas que nous démissionnions pour abréger nos souffrances.

– La CNV, c'est la clé. La Communication Non Violente va vous aider. À sortir de votre posture de polisson-hérisson. Car vous n'êtes pas des paillassons. Il faudra être à l'unisson !

– On l'a perdue, m'indique mon voisin.

– Vous allez switcher de point de vue, devenir manager et nous saurons enfin quels sont vos rhésus O et R.

– Quel soulagement ! J'ai bien cru que je mourrais sans le savoir.

– Mademoiselle Shepard, le polisson-hérisson dans toute sa splendeur, diagnostique-t-elle.

– Mais encore ?

– Vous avez l'indépendance et les compétences du polisson tout en ayant la colère du hérisson, et vous dites souvent « non ». Pour passer de collaborateur à manager, il vous faudra apprendre à dire « oui ».

– C'est ce que sous-entend régulièrement mon élu.

Les formateurs en management sont souvent aux collectivités locales ce que l'IUFM est aux ZEP : des théoriciens déconnectés du monde réel qui dispensent de précieux conseils impraticables. Dans la Collectivité Parfaite, « piloter par les résultats » est sans doute « la condition de l'innovation et l'adaptation à la réalité », mais dans une direction où tout le monde fait le travail de son supérieur direct, qui aurait envie de « veiller à la qualité du triptyque TIC[1]/organisation/compétences » ?

Vendredi 20 mars

7 h 15

La sonnerie de mon réveil me vrille les tympans. Je quitte la position fœtale dans laquelle le sommeil m'a

1. Technologie de l'information et de la communication.

surprise, avale deux comprimés d'Ibuprofène en guise de petit déjeuner et me traîne jusqu'à la salle de bains pour prendre ma douche.

J'en ressors dix minutes plus tard, à peine moins endormie, et cherche une tenue adéquate pour animer l'une des pires réunions de ma vie.

Être adulte, il n'y a que ça de vrai. Et être jeune adulte, sans problèmes financiers ni responsabilité familiale, croyez-moi, c'est l'extase. Nos parents ne sont pas encore grabataires et, par conséquent, nous n'avons pas à trouver d'excuses ni de maisons de retraite pour ne pas les héberger chez nous. À quelques exceptions près, la règle est qu'aucune règle n'est incontournable. Nous pouvons faire absolument tout ce qui nous passe par la tête sans devoir subir les remontrances de qui que ce soit.

Être adulte, c'est malheureusement aussi être confronté à des situations inextricables qu'on n'a pas créées, mais que l'on doit affronter comme un bon petit soldat, pendant que le principal responsable du problème indique de son gros index de balance notre localisation à la vingtaine de mastodontes qui ne rêvent que de nous casser le portrait. Sans maîtresse auprès de qui geindre pour plaider notre cause et expier pépère notre pseudo-châtiment en salle de colle.

Être adulte, dans ma mairie, c'est être envoyé au front avec un tee-shirt en polyester en guise de gilet pare-balles et réaliser en levant la tête que ce truc rouge sur la poitrine n'est pas un reste de ketchup du déjeuner, mais le viseur laser du plus sophistiqué des fusils d'assaut.

Et mon exécution a été fixée à 9 h 30.

9h30

Je pense que le pire qui puisse se produire, lors d'une réunion, c'est de se rendre compte, une fois son intervention achevée devant une salle comble, qu'on a, au choix, la jupe rentrée dans la culotte ou une feuille de papier-toilette coincée sous la chaussure depuis le début.

Aller à une réunion avec Simplet revient à s'y présenter en sous-vêtements et enturbannée dans plusieurs rouleaux de PQ.

Le public d'aujourd'hui est composé d'entrepreneurs et journalistes à qui nous allons annoncer que finalement ils voyageront en classe éco. Avec The Gentleman et moi, mais sans Simplet ni l'intégralité du Gang qui, eux, profiteront de la business class avec les élus.

Lorsque j'étais enfant, je jouais à m'imaginer adulte. Même si les contours de ma future profession étaient plutôt flous, je me visualisais toujours en tailleur, avec des talons aussi hauts que ceux de mon institutrice de CE2, l'élégante Mme Deschanel, et installée dans un bureau confortable avec de la moquette au sol. De la moquette bordeaux, très exactement.

Aujourd'hui, quelque vingt ans plus tard, je me retrouve assise sur les toilettes de la mairie, en train de compulser frénétiquement le *Petit Traité de manipulation à l'usage des honnêtes gens*[1] afin de trouver la solution miracle m'évitant de me faire lyncher par une foule

1. R.-V. Joule et J.-L. Beauvois, *Petit Traité de manipulation à l'usage des honnêtes gens*, Presses universitaires de Grenoble, 2002.

furieuse de se voir reléguer sans préavis dans la classe économique, maudite entre toutes !

En sortant de mon repaire, je suis immédiatement happée par The Gentleman qui a une tête à préparer ses bagages pour l'Érythrée.

– Dites-moi que vous avez eu le temps de peaufiner une stratégie imparable, me demande-t-il d'un ton suppliant.

Eh bien, c'est-à-dire que…

– Je dois démarrer par le pied dans la bouche, puis la porte dans le nez avant d'amorcer.

Mon directeur me lance un regard inquiet, avant de pousser le gémissement qu'il a pris l'habitude d'émettre depuis le début du mois des emmerdements maximum.

– Qu'est-ce que vous êtes encore allée inventer ?

Je dégaine mon manuel et commence ma démonstration :

– Je débute par une formule interrogative de politesse dans le but d'amener une réponse positive. Par exemple, je pourrais leur demander comment ils vont.

– Évitez de poser la question au grabataire sur ma gauche. Étant donné sa démarche laborieuse, c'est évident qu'il ne va pas bien.

– Merci du tuyau ! Lui, je vais essayer de le toucher.

The Gentleman ne prend même pas la peine de cacher son dégoût.

– Vous allez tripoter ce type ?

Si vraiment j'avais dû tripoter quelqu'un pour faire avancer ma carrière, je l'aurais fait depuis longtemps.

– Non, toucher l'avant-bras sans provocation permet d'obtenir plus facilement ce que l'on veut.

Il laisse échapper un grognement sceptique.

– C'est prouvé scientifiquement ! Ensuite, je vais leur demander quelque chose qu'ils vont refuser en bloc, avant de leur proposer une alternative plus acceptable. Et si vraiment ça ne suffit pas, je vais finir par un Good cop/Bad cop.

– Je vous demande pardon ?

– Essayer de provoquer chez eux une immense inquiétude en leur expliquant qu'ils se sont engagés à partir et que la presse serait extrêmement déçue qu'ils annulent leur voyage pour une raison aussi futile que quelques heures de confort. Ensuite, je deviens dégoulinante de sympathie.

– Vous allez leur faire peur pour qu'ils soient d'accord ?

Je me sens rapetisser.

– Ce n'est pas la peur qui provoque la soumission, mais le soulagement.

Mon jeune Padawan n'a pas l'air très convaincu.

– L'objectif est…

– … Qu'ils ne râlent pas trop ?

Franchement, si Socrate avait eu des disciples pareils, la philosophie en eût été changée.

– Non. L'objectif est de leur faire croire que l'idée de voyager en classe éco vient d'eux.

– Ils ne sont pas idiots à ce point-là, soupire-t-il.

– Ce n'est pas une question d'intelligence. Par nature, l'homme est amené à poursuivre ce qu'il croit avoir entrepris de lui-même. Au pire, ils descendront de l'avion à la limite de la phlébite et avec un bon lumbago.

– Ce crétin de Baudet a prévu de parler. Et ça c'est un problème…

– C'est un manipulateur malgré lui. Un pro du verbiage qui répète sans cesse la même idée. Celle qu'Alix a fourrée dans son crâne de piaf. Le tout est d'arriver à rebondir sur ce qu'il va dire.

The Gentleman n'a jamais eu l'air aussi sceptique.

– Il vient d'arriver. C'est le moment de tester votre théorie.

Comme dans une dissertation, tout est dans l'introduction, ou, plus spécifiquement, la fameuse *Captatio benevolentia* qui à elle seule aiguillera significativement le correcteur au moment fatal de la notation.

Cette *Captatio* est aujourd'hui assurée par Simplet qui s'avance sur l'estrade :

– En raison de la crise, nous avons décidé que nous devions être plus responsables. Les déplacements se feront donc en classe économique. Alors, qu'est-ce que vous en dites ? demande avidement Simplet à la trentaine de paires d'yeux consternés.

Aucune déclaration audible n'émergeant du flot des murmures indignés, Simplet se tourne vers moi, puis m'attrape par le bras et me pousse légèrement sur le devant de la scène – là où les tomates ne devraient pas tarder à pleuvoir si les futures victimes étaient un tant soit peu prévoyantes –, avant de me demander :

– Et toi, Zoé, t'en dis quoi, hein ?

Les mots me manquent.

Derrière la horde d'entrepreneurs, The Gentleman commence à s'agiter nerveusement, avant de désigner ses chaussures puis la porte.

Ça paraissait tellement plus simple dans le bouquin.

Tentons le pied dans la bouche :

– Je vous remercie d'avoir accepté d'être parmi nous aujourd'hui, malgré un emploi du temps que j'imagine particulièrement serré. Vous êtes extrêmement sollicités en ce moment, n'est-ce pas ?

Si ça n'est pas une question à laquelle ils sont obligés de répondre par l'affirmative, je ne vois pas ce que c'est.

Effectivement, les têtes commencent à hocher. Un mince filet de sympathie traverse l'assistance. Première étape réussie.

Enchaîner avec une porte dans le nez.

– Nous comprendrions que vous décidiez d'annuler votre déplacement. Notre journaliste, ici présent, est du reste prêt à rédiger un second article expliquant que puisque vous ne pouvez pas voyager en business, vous avez préféré renoncer à ce voyage. Et ce, malgré la plus-value que celui-ci permettrait d'apporter à toute l'économie de notre ville. Ou plutôt à toute l'économie de notre région.

Les entrepreneurs commencent à se concerter. Une défection collective pour manque de confort n'est pas une publicité rêvée.

Il est temps de passer à l'amorçage :

– Évidemment, les gens seraient particulièrement sensibles au fait que vous voyagiez en éco ! Comme l'a très bien exprimé M. Baudet…

Un fou rire déguisé en quinte de toux m'interrompt. The Gentleman est cramoisi et se précipite cette fois vers la sortie tandis que je continue :

– La crise implique un comportement responsable. Et ce, particulièrement lorsque des deniers publics – les impôts des contribuables, les impôts de vos clients – sont en jeu. Naturellement, une telle décision ne peut être prise que par vous et jamais il ne nous viendrait à l'idée de vous influencer en quoi que ce soit.

L'essentiel est de réussir à garder son sérieux. Il est temps de conclure.

– Nous avons néanmoins besoin de connaître rapidement votre avis. En effet, vos chambres ont déjà été réservées au Nairobi Serena et afin de récupérer nos arrhes si vous vous désistez, nous devons être à même de prévenir l'hôtel dans les plus brefs délais.

Comme un seul homme, toute la bande se rue sur ses smartphones pour googleliser le cinq étoiles dans lequel ils vont être logés. Après cinq minutes de brouhaha, d'évaluation de la piscine et de commentaires sur la décoration des chambres – et de sueur froide pour moi –, la grande gueule du groupe attrape le micro :

– Nous allons participer à votre déplacement. Même si nous trouvons inacceptable de voyager dans de telles conditions…

Fin de la révolte.

Pendant que la foule des mécontents se précipite vers le buffet, je m'effondre sur la première chaise que je croise. Quelqu'un me tapote l'épaule.

Simplet.

N'ai-je pas mérité un peu de paix ?

Manifestement non.

– On a été drôlement bons. Je l'ai toujours dit, se rengorge-t-il. Avec un bon manager, le travail d'équipe, même avec des éléments irrécupérables comme toi, donne d'excellents résultats.

Rester zen : le secret de la survie en milieu hostile.

Jeudi 26 mars

11 h 30

Le harcèlement informatique, la prostitution téléphonique et la basse flatterie marchent officiellement du tonnerre. Deux semaines, à raison de vingt coups de téléphone par jour et d'une dizaine de mails, ont eu raison des réticences diplomatiques kényanes.

Je file au Cabinet du maire et retrouve tout le gratin du gratin Communicator, qui a de plus en plus une tête à mettre son gilet jaune sur le siège passager de sa voiture et à se chronométrer lorsqu'il défait son triangle, et Simplet qui contemple Alix avec l'air béat et l'énergie d'un serpent qui aurait ingurgité un élevage de souris.

Je m'avance avec toute la solennité que l'annonce de la bonne nouvelle nécessite, avant de déclarer :

– Nous avons enfin les visas journalistes !

Je n'attends pas de remerciements, ni, soyons fous, de félicitations, mais Communicator m'étonnera toujours :

– Eh bé, on a eu de la chance !

Vraiment. Mieux vaut entendre ça que d'être sourd, ça dure moins longtemps.

Vendredi 28 mars

9 h 10

C'est un bonheur sans cesse renouvelé que d'arriver à la bourre pour découvrir un post-it de Simplet m'intimant l'ordre de venir « asap » dans son bureau pour un meeting com.

J'enlève mon manteau, attrape le gobelet de café que Coconne me fourre dans les mains, lui jure reconnaissance éternelle et me traîne jusqu'au bureau de Simplet. Je suis à une dizaine de mètres de sa porte lorsqu'un cri de joie m'ôte mes derniers fragments de courage.

La Schtroumpfette est de la partie, et ce qui promettait d'être pénible devient tout à coup inhumain.

Je bois mon café et frappe à la porte. Je surprends Garance en pleine danse du printemps devant Simplet qui n'en attendait pas tant.

– Je suis tellement contente que tu participes à cette table ronde ! s'écrie-t-elle en battant des mains.

À ma grande surprise, Simplet décide d'injecter ce qu'il pense être une dose de modestie, mais qui s'apparente plus à un éclair de lucidité.

– J'espère être à la hauteur. Je ne voudrais surtout pas être ridicule.

Dans ce cas…

– Mais non, tu vas être ex-tra-or-di-naire, rassure Garance en gloussant bruyamment. Tu veux que je te briefe sur ton exposé ?

– Impeccable. Zoé, viens, tu vas jouer le rôle du public, déclare Simplet tandis que je me demande combien de temps je dois retenir ma respiration pour faire une syncope et être évacuée vers l'hôpital le plus proche afin d'éviter ça.

L'un de mes pires souvenirs d'hypokhâgne a probablement été l'étude de *La Monadologie*. Je n'y comprenais rien. En subissant la présentation de Garance sobrement intitulée « Communication des process dans les collectivités territoriales », je commence à éprouver une certaine sympathie pour Leibniz.

Peut-être parce que, contrairement à la présentation de notre chargée de com, je pouvais refermer le livre et le ranger dans un tiroir dès que je saturais.

Après vingt minutes d'un exposé confus émaillé de barbarismes foireux et de phrases proustiennes, elle s'arrête net.

– C'est génial ! déclare Simplet. Tout simplement génial.

– Et toi, qu'en as-tu pensé ? demande l'oratrice.

– Heu… c'est-à-dire que…

– C'est un peu complexe, mais c'est juste une manière de penser à saisir, explique Garance doctement, tout en prenant soin d'ajouter : Cela demande certaines qualités intellectuelles. Cependant, ajoute-t-elle d'un ton exagérément rassurant, j'ai confiance, si je te donne un coup de main, tu devrais y arriver.

Je file dans mon bureau et m'affale sur mon siège pour m'abandonner quelques instants aux délices de cette pensée ô combien réconfortante.

Mardi 31 mars

16 heures

Le triangle des Bermudes est localisé. Il est dans mon bureau. Comment expliquer autrement le fait que le dossier contenant tous les passeports des participants aux Assises se soit volatilisé, alors que je l'avais posé hier soir à côté de mon ordinateur ?

Un coup du triangle des Bermudes ou…

– Coralie, savez-vous où se trouve le dossier contenant tous les passeports ?

– Le dossier contenant tous les passeports ? Mais quels passeports ?

Je prends une grande inspiration et, d'une voix étonnamment maîtrisée, commence l'interrogatoire.

– Vous savez que demain, nous partons pour Nairobi.

– Ben oui.

– Et que, pour aller à Nairobi, nous avons besoin de nos passeports qui se trouvaient dans le dossier rouge sur lequel j'avais inscrit en lettres capitales « Passeports ».

Coconne fronce les sourcils et fait la moue.

– Le dossier rouge, répète-t-elle comme si cela allait permettre de le faire se matérialiser sous nos yeux.

Je sens s'évanouir mes résolutions de ne jamais, jamais élever la voix quand je suis au bureau, lorsqu'elle se lance :

– Je m'en souviens : je l'ai placé dans le bac vert hier soir.

Le bac vert ? Quel bac vert ?

O my god ! Le bac vert !

– Coralie, êtes-vous en train de me dire que vous avez mis le dossier « Passeports » dans la corbeille à recyclage ?

Mon ton doit se faire menaçant, car Coconne commence à reculer, avant de se lancer dans une salve d'explications :

– Je trouvais que le rouge magenta allait bien avec le vert. Vous comprenez, ce sont des couleurs complémentaires. Je suis actuellement des cours d'histoire de l'art, c'est un cadeau de mon mari pour mon anniversaire et c'est incroyable tout ce que je peux apprendre… Saviez-vous que pour créer une couleur secondaire, il faut faire une addition qui est en fait une soustraction de lumière et que…

– Ça suffit, je m'en fous ! Nous partons demain au Kenya et les passeports sont au recyclage, alors merci de m'épargner les subtilités de la roue chromatique !

Coconne commence à ronchonner sur mon manque d'ouverture d'esprit. Décidément la situation empire un peu plus chaque jour.

– Zoé, avant de rentrer chez moi, je voulais m'assurer que tout était OK pour demain.

Fred. Qui arbore une inquiétante teinte orangée, conséquence d'un improbable séjour à la Lindsay Lohan School of self-tanning.

Je fusille Coconne du regard afin de décourager toute tentative de remarque :

– Évidemment, tout est parfaitement prêt, ne vous inquiétez surtout pas.

L'élu hoche la tête, satisfait, et s'éloigne alors que je me rue sur mon téléphone.

– À qui téléphonez-vous ? s'enquiert Coconne.

Mardi 31 mars

Mon thérapeute. Il m'a demandé de lui passer un coup de fil dès que mes pulsions meurtrières devenaient incontrôlables.

– Vous pouvez y aller, Coralie. Je crois que pour aujourd'hui, vous en avez assez fait.

– Mais c'est que je croyais qu'on n'en avait plus besoin, vous...

– Ça suffit. Raus !

Coconne hausse les épaules et quitte mon bureau, non sans avoir ajouté qu'elle ne sait pas si je suis au courant, mais que le but d'une couleur complémentaire en peinture est de mettre son opposée en valeur...

– Michelle, je suis dans une panade ahurissante ! Coralie a mis les passeports au recyclage, dites-moi vite que les poubelles ne sont pas passées hier soir !

La voix de Michelle vacille à peine lorsqu'elle me demande :

– Elle a mis les passeports au recyclage ? ! Mais... mais pourquoi ? !

– Elle pensait qu'il fallait tout jeter. Et puis elle trouvait que la couleur du dossier allait bien avec celle du bac à recyclage.

– Exact, approuve Michelle. Ce sont des couleurs complémentaires...

Je dois vraiment avoir l'air excédée, car je l'entends pianoter sur son clavier, avant de m'annoncer que techniquement, le tri sélectif ne s'opère qu'une fois par semaine et qu'il lui semble bien que c'est le lundi.

– Où sont les poubelles ?

– Dans la cave, viens, je vais te montrer.

16 h 30

Je ne sais pas si c'est au pied du mur qu'on voit le mieux le mur, mais c'est certainement dans un container de recyclage qu'on réalise que la dématérialisation n'est qu'à l'état de projet lointain dans notre mairie. Entre les centaines de mails imprimés, les notes administratives et les dossiers inachevés, l'expression « chercher une aiguille dans une botte de foin » n'a jamais été aussi appropriée.

Mais contrairement à une botte de foin, la poubelle papier de la mairie contient de véritables trésors, qui certes ralentissent un peu mes recherches, mais ont l'avantage de les rendre nettement plus intéressantes.

– Michelle, vous savez quoi ?

– Non. Quoi ?

– La maîtresse du Don le quitte… voilà pourquoi elle ne vient plus avec nous et que Grand Chef Sioux nous accompagne ! J'espère que le Don n'en fait pas le même usage…

– Comment tu sais ça ? s'enquiert Michelle dont la tête apparaît soudainement au-dessus du container.

– Je viens de récupérer ses brouillons de lettre de rupture.

– Ça donne quoi ? me demande-t-elle d'un ton gourmand.

– « *Le bateau de notre amour s'est éloigné du pont de la passion…* » Avec un « t » à passion à la place des deux « s », oh, et puis…

– Mademoiselle Shepard ?

L'arrivée impromptue de The Gentleman nous interrompt dans notre lecture.

– Coralie m'a dit que je vous trouverais en bas et j'ai pensé que ce serait utile de nous préparer à l'éventualité que l'un de nos élus commette une maladresse lors des Assises.

L'éventualité ?

– Nous devrions peut-être en discuter afin de pouvoir présenter un front commun en cas de problème, continue The Gentleman, qui s'interrompt net en me voyant émerger de la poubelle. Vous êtes dans le container à recyclage ?

– Exact. Votre sens de l'observation ne vous trahit pas.

– Y a-t-il une raison particulière… ?

La voix de The Gentleman reste en suspens, comme s'il n'osait rajouter : « … pour que vous choisissiez pile la veille de notre départ pour vous révéler folle ? »

Je replonge dans mes papiers pendant qu'une voix inquiète m'interroge :

– Vous allez… bien ?

Pour quelqu'un qui travaille avec une assistante dont chaque action la plonge dans une situation inextricable, je me considère plutôt en forme, oui.

– Pour résumer la situation, il semblerait que les passeports de la délégation soient dans le container.

The Gentleman plisse les yeux avant de demander :

– Mais qu'y feraient-ils ?

– Coralie les a rangés dans mon bac à recyclage et comme les poubelles n'ont pas encore été vidées, j'ai bon espoir qu'ils soient encore là.

Je sors la tête du container pour assister à la liquéfaction du chef qui, d'une voix d'outre-tombe, parvient à articuler :

– Cette fois, c'est l'aller simple pour l'Érythrée…

18 h 25

– C'est pas possible, elle n'est pas finie, cette femme ! peste The Gentleman qui patauge au milieu d'une vague de mails imprimés.

La demi-heure que je viens de passer dans le container me porte à croire que c'est à peine si Coconne a été commencée.

– Depuis quand classe-t-elle des dossiers importants dans une corbeille à recyclage ?

– Depuis que son esprit puissant a été initié aux subtilités de la roue chromatique.

– Aux quoi ?

– Rien. Je vous expliquerai tout ceci en détail demain, dans l'avion, si vous m'aidez à retrouver le dossier. Apparemment, les agents de la mairie ont une conscience écologique bien plus importante que je ne le pensais. Il y a des tonnes de papiers là-dedans.

– On ne va jamais mettre la main dessus, se lamente The Gentleman alors que j'aperçois un truc rouge et plonge dans le tas.

– Les voilà !

– Je savais qu'on finirait par les trouver, déclare notre nouveau champion de la mauvaise foi.

Avril

Road to nowhere

En voyage, un gai compagnon est une chaise roulante.

Goethe

Mercredi 1er avril

17 h 35

Nous allons bientôt entrer dans une nouvelle phase des relations franco-africaines.

– Nicolas, vous serez bien aimable de m'aider à porter mes valises, ordonne le Don en indiquant d'un geste de la tête son assortiment intégral de bagages Vuitton, collection printemps-été, modèle cuir épi.

Pendant que l'élu attrape négligemment un minuscule vanity, Simplet, extatique, installe le sac de voyage Bourget sur son dos, attrape les valises Keepal et Sirius – « Attention à ne pas me les abîmer, Nicolas ! » – et emboîte le pas du maire en ahanant à travers l'aéroport. Le dos courbé sous le poids du sac à dos 55 litres, la chemise trempée, un sourire radieux aux lèvres, Simplet vit de toute évidence le plus beau moment de son existence.

Nous prenons place dans la file d'attente de la classe éco quand il nous rejoint :

– Il paraît que j'étais en sur-réservation. Monsieur le maire a décidé que c'était à moi de céder ma place, chevrote-t-il avec un air de martyr qui indique qu'il lui faudra de longues semaines pour se remettre de cette trahison. Pourtant, je suis directeur. Être relégué ainsi nuit à ma crédibilité.

– N'exagérons rien, il y a des gens très bien qui voyagent en éco, le réconforte The Gentleman.

Simplet hausse les épaules, pas convaincu, pendant que les journalistes bougonnent : eux aussi voyagent en éco, alors, s'ils pouvaient être considérés comme des gens très bien, ça les arrangerait.

– Comment cela se fait-il qu'il ait été en sur-réservation ? me chuchote The Gentleman à l'oreille.

– Soit la faute à pas de chance, soit un petit coup de téléphone lors des réservations...

Jeudi 2 avril

3 h 55

– Zoé... ZOÉ... ZOÉ !

J'ouvre péniblement un œil pour voir Simplet, apparemment en proie à une souffrance indicible, ramper vers moi, tenant en main mon rapport sur les relations économiques entre les collectivités territoriales françaises et leurs partenaires kényans qu'il a dû commencer à lire, si j'en crois ses yeux exorbités.

– Tu dors ?

Non, je suis un être de lumière non soumis à ces exigences bassement humaines que sont le sommeil ou l'alimentation. Il est 4 heures du matin, il n'y a donc aucune raison tangible pour que je dorme.

– Je dorm*ais*.

– Le maire m'a demandé de lui faire une synthèse de ce document.

– En quoi cela me concerne-t-il ?

– Comme c'est toi qui as rédigé ce rapport, je me suis dit que tu pourrais me bilaniser rapidement la guideline.

– Il fait dix pages dont cinq de graphiques et tableaux... ce sont les grandes lignes d'une dizaine d'autres études, je ne vois pas comment je pourrais le résumer davantage.

À 4 heures du matin, je refuse de bilaniser quoi que ce soit.

– Mais la page 7..., commence-t-il avant de s'interrompre, le visage encore plus défait que d'habitude.

Je serais bien incapable de dire ce qu'il y a à la page 7, mais c'est apparemment suffisamment complexe pour provoquer l'émoi de Simplet. Je me contente de hocher la tête en étouffant un légitime bâillement de fatigue et de profond ennui.

– Non, mais mets-toi cinq minutes à ma place, geint Simplet.

Alors ça, jamais !

– Je ne saurais avoir une telle ambition ! Je vous suggère de vous adresser à Alix.

– Tu as raison, répond mon chef d'un air pincé. Alix est la plus à même de s'acquitter de ce travail difficile.

– Bien joué, approuve The Gentleman, qui cesse de faire semblant de dormir.

6 h 35 (heure locale)

Nous sortons de l'avion comme des tas désossés et informes, et rejoignons le Don, Fred et le Gang des Chiottards, frais comme des gardons après une nuit passée confortablement allongés sur les sièges-lits de la business class. Légèrement hébétés, nous pénétrons dans l'aérogare de Nairobi. Je regarde, hypnotisée par le tapis roulant, les bagages défiler. Brusquement, je prends conscience du drame qui se prépare.

Effectivement, dix minutes après que j'ai récupéré mon sac, un rugissement se fait entendre :

– Il me manque deux valises, qu'est-ce que c'est que ce souk !

Manifestement, Keepal et Sirius manquent à l'appel et le Don est à deux doigts de la crise d'apoplexie.

– Je vais parler à la compagnie aérienne, bredouille Simplet.

Après dix minutes d'entracte, notre patron revient : il semble avoir pris vingt ans.

L'air épuisé, il émet un son semblable au râle d'un âne agonisant.

– Il semblerait qu'une partie des bagages soit restée à Amsterdam, lors de l'escale…

Le Don bondit de son siège comme s'il venait de s'asseoir sur un cactus.

Le spectacle est encore plus magnifique que je n'aurais osé l'espérer. Les mots « restée à Amsterdam » ont l'effet d'un électrochoc sur notre maire qui commence à émettre une série de petits cris rageurs qui se meuvent rapidement en mugissements, tandis que Simplet semble s'être réduit de moitié.

Le Don prend une large inspiration et un ton menaçant :

– Je vous préviens, Nicolas, ma femme tient beaucoup à ces valises, donc, vous vous débrouillez comme vous voulez, mais vous me les retrouvez immédiatement !

Simplet se retourne péniblement avant de mugir :

– Zoé ! Ce dossier a été géré de manière catastrophique. À peine arrivés, on commence déjà à avoir des problèmes !

Qu'Air France ait égaré deux des nombreuses valises du Parrain est évidemment une conséquence directe de la mauvaise gestion du dossier Assises. Et me voilà redevenue la cible des snipers du Gang.

Alix se rapproche de Simplet et du Don, tout en me toisant de l'air dégoûté d'un client extirpant une touffe de cheveux de son potage.

– J'aurais dû me douter qu'à peine arrivée, tu commencerais à faire ton numéro, éructe-t-elle.

Je hausse les épaules et me dirige vers le comptoir Air France où l'hôtesse m'informe que le Don récupérera Keepal, Sirius et ses vêtements dans deux jours maximum.

Lorsque j'annonce la nouvelle à Simplet, il se fend de douleur et chancelle jusqu'à la valise de Communicator sur laquelle il s'assoit lourdement, avant de demander d'une voix agonisante :

– Que ferait Einstein dans un cas pareil ?

– Il parlerait probablement de la relativité du temps Deux jours, ce n'est rien, comparé à l'ère quaternaire

7 h 30

Prochaine destination après ce drame : l'hôtel. Ou plutôt, les hôtels : le palace cinq étoiles pour la délégation, un petit hôtel réservé par notre guide pour nous.

Entouré des Chiottards au désespoir car incapables de faire fonctionner leurs BlackBerry, le Don grommelle des propos ouvertement racistes. Pendant ce temps, Fred partage des notions pour le moins curieuses de géographie africaine avec les journalistes et les entrepreneurs qu'on a embarqués pour l'occasion : tous secouent la tête, incrédules. Ratatiné par le désastre, Simplet se cache derrière Alix et la Schtroumpfette, pendant que, passablement froissés après quelque douze heures de trajet, The Gentleman et moi fermons la marche.

Une fois installé dans le minibus, Fred reproche à Wambaria, notre chauffeur interprète, de s'être « habillé à l'occidentale » :

– Vous attendiez-vous à me voir débarquer à l'aéroport avec une feuille de bananier ? J'achève mon master de biotechnologie et je suis trilingue, précise calmement Wambaria.

Fred hausse les épaules et se tasse dans son siège avant d'annoncer :

– Il me tarde d'entendre le bruit des vagues !

Que répondre ? À part : si vous plaquez votre verre à dents sur votre oreille, je doute que vous puissiez entendre un bruit de ce genre.

– Le bruit des vagues ? À Nairobi ? me chuchote The Gentleman à l'oreille.

Le bus s'arrête devant un palace rutilant.

Les frais d'hébergement nous sont remboursés quelle que soit notre place dans l'organigramme ou le carnet d'adresses du Don. Mais si les agents des services sont indemnisés selon un forfait défini par un décret non négociable qui leur permet, au choix, d'opter pour un hôtel de passe ou un Formule 1, le Gang et ses invités, eux, sont défrayés sur la base du merveilleux système dit des frais réels. Infâme taudis ou cinq étoiles leur sont intégralement remboursés. Et c'est fort logiquement qu'ils choisissent les palaces les plus luxueux.

La Noblesse installée dans ses appartements, notre chauffeur interprète annonce :

– J'ai réservé dans un hôtel conventionné, comme vous me l'aviez demandé.

– Un hôtel de chaîne ?

– Tout près, répond-il d'un ton trop rassurant pour être honnête tandis que nous nous mettons en route.

8 h 35

Sur le plan de la stricte topographie, notre accompagnateur a parfaitement raison. Notre hôtel est effectivement à une centaine de mètres d'un hôtel de chaîne.

En réalité, il a plusieurs siècles de plus et semble offrir la particularité de ne jamais avoir été rénové depuis sa construction.

Nous pénétrons dans ce qui s'apparente à un savant mélange entre la maison de la famille Addams et un squat tellement délabré qu'il aurait été abandonné par ses occupants.

– Il faut nous concentrer sur l'aspect positif, déclare The Gentleman en vidant la moitié d'un flacon de gel hydroalcoolique sur ses mains. Un bon déjeuner nous attend, c'est tentant, non ?

12 heures

Prêts à tout pour se fabriquer des souvenirs d'une Afrique fantasmée, les Chiottards ont opté pour un séjour pseudo-traditionnel au cours duquel ils espèrent, en vrac, « échanger avec des autochtones », rencontrer des « guerriers masaï » et lutter activement contre la pauvreté grâce à une distribution – probablement depuis le balcon de sa suite avec jacuzzi privatif – des rebuts de la garde-robe d'Alix.

Sous les yeux effarés de The Gentleman et de Wambaria, la guerre des clichés commence sitôt assis autour de la table. À ma droite, les néocolonialistes biberonnés aux documentaires alarmistes se gargarisent de poncifs sur l'Afrique, « ce pays au destin si tragique », peuplé de sauvages analphabètes et violents, incapables de constituer des sociétés organisées et qui ne trouveront leur salut que grâce à la mission civilisatrice de l'Occident. À ma gauche, les téméraires explorateurs en quête d'exotisme et d'aventures Banania dissertent sur le safari qui les attend, une fois la corvée des Assises expédiée.

En face de moi, Fred lance des regards attentifs vers le bar : notre Jean-Claude Dusse de la politique attend beaucoup des professionnelles locales.

– Vous utilisez des couverts comme les nôtres, c'est incroyable ! s'extasie Fred.

– Monsieur Mayer, nous sommes dans le restaurant d'un hôtel cinq étoiles du quartier d'affaires d'une ville de quatre millions d'habitants, rappelle Wambaria qui réussit à rester calme. La Bourse de Nairobi est l'une des plus importantes d'Afrique, Coca-Cola et Google y ont installé leur siège africain et nous avons la bagatelle de huit universités, donc, oui, en plus, nous utilisons effectivement des couverts. C'est lorsque nous chassons le lion en pagne dans la brousse que nous mangeons avec nos mains…

Je voudrais m'évanouir de honte.

– Ah, vous mangez avec…

Fred s'arrête en plein vol, inquiet à l'idée que notre guide ait pu oser se moquer de lui. Pour faire diversion, il se goinfre de sambusas comme un ténia au régime depuis des semaines.

– Vous savez, j'ai une profonde admiration pour l'Afrique, explique la Schtroumpfette. Du reste, j'achète du café robusta équitable de votre pays.

– Ici, nous ne produisons que de l'arabica, rectifie Wambaria. Le robusta est produit en Afrique de l'Ouest et en Afrique centrale.

– La Côte d'Ivoire, le Kenya, ça reste l'Afrique, c'est pareil, balaye Communicator.

Les dieux sont tombés sur la tête.

Vendredi 3 avril

8 h 45

Une série de tapotements impérieux me réveille en sursaut. J'attrape mon oreiller, le mets sur ma tête et tente de me rendormir, lorsque je sens soudain un poids sur mon lit.

Ahhhhhh !

Simplet.

Assis sur mon lit !

Je suis morte pendant mon sommeil et j'ai atterri directement en enfer ?

– C'est horrible ! m'informe-t-il en guise de préambule.

– Il n'est pas encore 9 heures, on démarre à 15 h 30, puis-je savoir ce que vous faites dans ma chambre ? Comment êtes-vous entré, en plus ?

– J'ai demandé la clé à l'accueil.

– C'est une catastrophe, halète Alix qui nous rejoint et prend place, très à l'aise, dans un fauteuil.

C'est quoi cet hôtel dans lequel on a autant d'intimité qu'une danseuse de peep-show ?

– Qu'est-ce qui est une catastrophe, exactement ?

– Nous ne savons pas où est passé le maire, avoue Simplet au désespoir. Nous lui avons laissé quartier libre pour qu'il fasse quelques emplettes, nous le surveillions à distance et nous l'avons perdu.

– Ça fait plus d'une heure que nous écumons les rues et rien, achève Alix, pendant que Simplet commence à suçoter un Bic, les yeux dans le vague, apparemment en état de choc.

Comment Simplet qui, depuis hier, est collé au maire comme un cataplasme sur la poitrine d'un phtisique, a-t-il réussi cet exploit ?

– Vous avez tenté de lui téléphoner ? Son portable fonctionne ici.

Simplet tète toujours son stylo et Alix secoue la tête :

– Il l'a laissé dans sa chambre. Hier soir, il a dit qu'il était agacé qu'on le surveille tout le temps.

Quand on voit l'efficacité de la garde rapprochée, il n'y a pourtant pas de quoi.

– J'ai essayé de demander à des gens dans la rue, mais ils n'ont pas compris, explique mon chef en multipliant les coups d'œil frénétiques comme s'il s'attendait à voir le Don surgir de sous mon lit.

J'attrape le papier et manque de m'étouffer en le lisant : « I lost the sea. Help ! »

Alix me lance un regard indigné de me voir si peu réceptive à la tragédie qui vient de nous frapper.

– Sea signifie mer, M-E-R. Le nôtre, c'est Mayor. M-A-Y-O-R.

Simplet détache une feuille de mon bloc-notes et commence à refaire son message avec application.

– Cela dit, j'avoue avoir du mal à savoir ce que vous attendez de moi.

– Les valises de monsieur le maire ont été égarées par ta faute, rappelle Alix.

– Non, par celle d'Air France. Air. France. Vous connaissez ?

– C'est pareil.

– Laissez-moi dix minutes pour me préparer. L'ambassadeur assiste à une réunion de logistique des Assises au centre de conférences, je vais lui demander s'il n'a pas vu le maire. Hier, il a dit qu'il voulait repérer les lieux.

– C'est pas une mauvaise idée, admet Alix qui, si elle m'est reconnaissante, le cache avec la virtuosité d'un joueur de poker confirmé.

– S'il n'a pas vu monsieur le maire, je vais officiellement prendre les choses en main, déclare Simplet.

Autant que le Don aille directement à l'ambassade s'acquitter des formalités pour obtenir la nationalité kényane.

9 h 30

Je sors de l'asile de lépreux qui me sert d'hôtel, saute dans un taxi et arrive au centre de conférences où je suis accueillie par un diplomate au trente-sixième dessous.

– Il est parti sans rien dire à personne et sans son portable, alors qu'il ne connaît pas la ville et qu'il ne parle ni swahili ni anglais ? Mais il a une sauterelle dans la vitrine, ce type, c'est pas possible !

À mon humble avis, la vitrine est vide.

– Sachez que c'est peut-être le plus évolué de notre petite délégation, dis-je pour l'instruire de la situation.

L'ambassadeur s'affale sur la chaise la plus proche. À ses côtés, un type bien habillé qui doit être l'un de ses adjoints pousse un croassement d'agonie.

– Il y a un problème ? s'enquiert Wambaria qui vient de surgir.

– Sauriez-vous par hasard où est passé notre maire ?

Notre guide commence à balbutier et à se gratter la tête d'un air gêné. Il semble à deux doigts de quelque confession honteuse. J'essaie de me remémorer le contenu de ma note sur le tourisme sexuel au Kenya.

– J'ai peut-être une idée, mais je ne suis sûr de rien.

– Une seule suffira !

– Il s'est levé tôt et en avait assez d'attendre.

– Et ?

– Mwenda mbio hujikwa kidole. Celui qui est trop pressé se tord le doigt de pied.

S'il commence à partir sur les proverbes swahilis, on n'est pas arrivés.

– Écoutez, j'ai besoin de savoir exactement et tout

de suite où est mon maire. On s'occupera du reste ensuite. Simp… heu, M. Baudet est très inquiet.

– Monsieur votre maire a décidé d'aller au KICC à pied en traversant Uhuru Park. Nous avons essayé de l'en dissuader, mais…

– Au quoi ?

– Au Kenyatta International Conference Centre, c'est notre…

– J'ai compris !

Son téléphone sonne.

– On vient de retrouver votre maire ! Venez, c'est par là, m'explique-t-il en m'entraînant un peu plus loin pendant que j'avertis Simplet.

Effectivement, quelques minutes plus tard, le Don émerge d'une ruelle, accompagné d'une odeur pestilentielle et d'un colosse que j'identifie comme un homme de main de Wambaria. Je conçois qu'il est malaisé pour un individu recouvert de boue de maintenir une expression de pure intelligence, mais le Don semble donner tout ce qu'il a pour peaufiner une imitation fort réussie de l'idiot du village.

– C'est monsieur votre maire, là-dessous ? me demande Wambaria d'un ton incertain.

Je comprends son hésitation : le Don a l'air d'avoir dormi plusieurs nuits d'affilée dans une poubelle exposée à la pluie.

Avant que j'aie pu répondre, il se rue sur nous comme s'il voulait nous frapper avec une batte de baseball.

– Il a l'air fâché, non ? chuchote Simplet.

Le Don émet le grognement d'un bouledogue qui aurait avalé de travers la moitié d'une côtelette et commence à vociférer :

– Je ne peux même pas profiter tranquillement de la ville sans que vous vous en mêliez, mais c'est n'importe quoi !

– Mais monsieur le maire, explique Simplet d'un ton plaintif, nous étions inquiets, nous ne vous retrouvions plus. Dans ce pays de sauvages, le pire était à craindre, vous auriez pu vous faire découper à la machette ou dévorer par des bêtes sauvages, conclut cet amateur de téléréalité qui ne manque aucune émission de TF1.

Alix cligne des yeux comme une poupée de porcelaine qu'un enfant énervé aurait un peu trop secouée.

– Tout est de ta faute, m'informe-t-elle. C'est ton dossier. On en reparlera quand on sera rentrés...

14 h 30

Je reviens des toilettes où, à force de contorsions dignes d'Houdini, j'ai enfilé ma panoplie d'administratrice territoriale en représentation, lorsque je percute Grand Chef Sioux qui n'a rien trouvé de mieux que de faire le plein à moins d'une heure des Assises.

Un quart d'heure plus tard, nous arrivons dans la salle de conférences et ma culture musicale s'est considérablement enrichie en matière de chansons bachiques.

Le Directeur Général des Services avise The Gentleman d'un air béat et trébuche, avant de lui donner une accolade enthousiaste et de tituber vers un siège.

– J'vous promets un grand spectacle !

Bien que le premier fonctionnaire de notre mairie soit passablement imbibé, je crains qu'il n'ait raison.

Vendredi 3 avril

15 h 25

L'ouverture des Assises est maintenant imminente. Nous sommes descendus dans le hall.

– On a un problème, déclare tout à coup Alix. L'intervenant censé présenter un exposé en anglais sur l'impact du changement climatique sur l'environnement a loupé son avion.

Elle se tourne vers Simplet :

– Tu as une idée ?

S'il y a un moyen de faire empirer la situation, Simplet le trouvera et insistera pour le mettre en œuvre.

– I am going to animate this réunionne in english to present the impacts of the climatic changements over the environnement, nous expose-t-il avec force moulinets de bras.

Il ne faudrait pas manquer ça.

Simplet a pris l'habitude de remplacer chaque mot qu'il ne connaît pas par un geste. Par conséquent, lorsque Simplet parle « anglais », il a l'air d'un policier qui fait la circulation. À un carrefour extrêmement fréquenté. Avec un air de demeuré à la *Mister Bean.*

Le chargé de mission du SCAC s'approche de nous comme si nous venions de lui proposer de sauter d'un pont, accroché par un élastique à cheveux. Depuis notre arrivée, son air inquiet ne le quitte pas :

– C'est très bien que vous soyez parmi nous, l'accueille mon boss. J'ai décidé que j'allais me charger de l'exposé « climat et environnement », explique-t-il avant de tapoter le micro comme la rock star en répétition à laquelle, si j'en crois ses hochements de tête rythmés, il est en train de s'identifier.

L'ambassadeur est soudain agité de tremblements.

– Vous êtes en train de me dire que c'est vous qui allez assurer une présentation technique en anglais devant plus de soixante personnes ? demande-t-il comme si répéter la phrase que Simplet vient de prononcer en rendait le contenu moins absurde.

Le diplomate attrape un mouchoir et commence à s'éponger le front nerveusement, puis se laisse lourdement tomber sur une chaise. Je ne peux le blâmer : la perspective de voir ce clown animer une réunion sur un thème qu'il ne maîtrise pas dans une langue qu'il ne parle pas est toujours une expérience saisissante pour un novice.

The Gentleman et moi regardons avec fort peu de compassion Simplet s'apprêter à entrer dans la cage aux fauves et à tirer les oreilles du lion sous les chaudes recommandations d'Alix.

– Je peux vous faire un petit signe de tête s'il me semble que votre anglais ne convient pas, propose The Gentleman, passé maître dans l'art de choisir ses mots pour ne pas froisser Simplet.

Je devrais lui demander de me donner des cours.

Cinq minutes après le début du speech de Simplet, la tête de The Gentleman se balance frénétiquement de haut en bas au gré des « I be », « réunionne » et autres « The Élus and me think that... » qui pleuvent entre deux « heu ».

De toute évidence, je ne suis pas la seule à être dubitative : la plupart des auditeurs se regardent, l'air atterré, pendant qu'à côté de moi, l'ambassadeur et son assistant mâchouillent jusqu'au sang leur lèvre inférieure en signe de consternation muette.

– Mon Dieu, mais il est dramatique ce garçon, laisse échapper l'ambassadeur, avant de se confondre en excuses. Je suis désolé, je ne devrais pas parler ainsi de...

Je hausse les épaules alors que Simplet enchaîne :

– My collaboratrice, Zoé Shepard, to tell me yesterday she is O.K. with my positionne, rajoute-t-il pendant que je me sens me liquéfier sur place de honte.

Être associée si étroitement, et en public, à tant de stupidité, est au-dessus de mes forces. Mon abnégation a ses limites.

– Plus je le vois évoluer, plus j'en arrive à douter que l'homme soit vraiment le dernier maillon de la Nature, murmure The Gentleman, que l'incrédulité rend lyrique.

18 heures

– Si vous n'avez jamais vu trois crétins essayer de se faire valoir auprès de tout ce que la salle compte de gens importants, venez par là, chuchote The Gentleman en m'entraînant près du buffet.

Effectivement, le spectacle en vaut la peine : Alix tente de démontrer que notre mairie est la quintessence de l'administration efficiente et à quel point, elle, Alix, Responsable de l'Information Citoyenne Chargée de Maximiser la Transparence et la Proximité, est in-dis-pen-sable au fonctionnement de ladite collectivité. Entre ses difficultés à gérer des agents impossibles – coup d'œil appuyé dans ma direction – et l'État, qui, dans sa méchanceté inouïe, a supprimé la taxe professionnelle, sa tâche n'est pas aisée, mais son enthousiasme, mêlé à des compétences et un dévouement peu communs, lui permet de faire face à l'adversité avec courage, comme elle l'explique à un vice-président de région qui hoche la tête poliment tout en lorgnant le buffet d'un air gourmand.

Communicator profite, lui, d'un flottement pour dévider à son interlocuteur effaré son CV fantasmé et l'épopée de son gravissement éclair des échelons, avant de détailler par le menu le flot de sollicitations auquel il résiste, pendant que la Schtroumpfette distribue à tour de bras ses cartes de visite. À défaut d'être utile, elle « noue des contacts » en pressant toutes les personnes qu'elle croise de lui donner leur numéro de portable.

J'aperçois Simplet qui, de son côté, discute avec un quinquagénaire fin de race affligé d'un déséquilibre capillaire flagrant : l'intégralité de sa pilosité est concentrée sur ses sourcils et ses avant-bras, au détriment de son crâne. Nos regards se croisent et il commence à s'agiter comme un diable dans un bénitier.

– Jean-Hubert de Saint Sauveur, conseiller de coopération et d'action culturelle, se présente-t-il.

– Zoé Shepard, chargée de mission à la mairie.

– Zoé est administratrice territoriale, explique Simplet, d'un ton lugubre, comme s'il le regrettait – ce qui, ne nous voilons pas la face, est très certainement le cas. Il se tourne vers moi et m'annonce, au désespoir : Le maire veut te voir.

À l'écart, appuyé contre le mur, celui-ci arbore une tête de Jugement dernier.

– Vous souhaitiez me voir ?

– Résumez-moi votre note, m'ordonne le Don.

Comme Fred, notre maire met un point d'honneur à ne jamais ouvrir un dossier et, quelques minutes avant d'entrer en scène, demande à ses sbires de lui fournir un discours prêt à ânonner

– La prochaine fois, j'exigerai d'aller aux États-Unis, c'est tout de même autre chose que ça ! Je n'ai rien à dire sur l'Afrique, marmonne-t-il.

Après The Performance of Simplet, je pense pouvoir affirmer avec raison que n'importe quelle personne capable d'aligner sujet/verbe/complément passerait pour un génie de l'éloquence. J'extirpe une feuille contenant des éléments de discours de mon sac et la lui tends.

– Voici un résumé de ma note. Je l'ai fait viser par M. Davies. Les principaux écueils à éviter sont la pitié et le néocolonialisme.

– C'est tout de même pas ma faute s'ils sont fauchés ! explose-t-il. Sans compter leur bouffe absolument immangeable. Et je vous passe les pannes de clim à trois heures du matin ! Et ils hurlent pour se faire comprendre, c'est franchement pénible.

Je décide de stopper l'inventaire.

– Nous avons été accueillis comme des rois, le guide a fait un travail incroyable pour nous aider et ne mérite pas ça. Donc, si vous voulez réchauffer les relations diplomatiques quelque peu déstabilisées depuis notre arrivée par notre faute, peut-être devriez-vous envisager une autre approche.

Énervé, le Don s'éloigne brusquement en traînant des pieds, avant de prendre place sur l'estrade improvisée.

Il se lance dans un long discours moins nul que ce que je craignais. Lorsqu'il a fini, il cède la place à Fred qui attrape le micro avec enthousiasme. Contrairement au Don, notre élu aux relations internationales souffre du syndrome du candidat au casting de *La Nouvelle Star*. Particulièrement déchaîné, il décide de révéler à l'assemblée l'étendue de ses talents de comique :

– C'est l'histoire d'un chef cannibale qui soulève le couvercle de la marmite de temps en temps, et qui pique le mec qui est en train de cuire avec une fourche.

L'autre cannibale lui dit : « Foutez-lui au moins la paix ! On le cuisine déjà au court-bouillon, alors si en plus on le torture... – Quoi ! ? lui répond le premier cannibale. Mais tu ne vois pas qu'il est en train de bouffer tout le riz ! »

Un raclement de gorge me fait sursauter.

Le consul.

– Vous comptez revenir à chaque manifestation ? Parce que, si c'est le cas, je demande ma mutation pour l'Irak.

Dimanche 5 avril

17 heures

Je descends dans le hall de l'hôtel pour envoyer un mail, lorsque je croise Alix. Parée de tout ce que les boutiques de luxe parisiennes comptent de bijoux vaguement africanisants, elle peste contre une nouvelle injustice : elle a voulu échanger en vain des vêtements « à peine portés » contre des « sculptures sans intérêt », afin d'« aider le peuple kényan », mais ces mal élevés ont refusé en lui riant au nez.

– Vivement qu'on parte. Ils me saoulent, moi, ces gens-là, explique-t-elle à Wambaria qui prend une grande inspiration et m'entraîne à l'écart.

– Je vous observe, M. Davies et vous, depuis votre arrivée, et j'aimerais savoir quelque chose : pourquoi travaillez-vous avec des personnes pareilles ?

– En théorie, travailler pour l'intérêt général, c'est l'idéal. La pratique peut différer, mais je refuse de considérer cette mairie comme l'échantillon témoin des collectivités de France.

– Vraiment ?

Je balaye la pièce du regard : Communicator et un entrepreneur discutent avec force gestes de la manière la plus efficace de siffler dans leurs doigts, Fred chantonne dans un micro, Simplet examine un grille-pain avec un air extatique, pendant que la Schtroumpfette sautille en agitant les bras.

À voir la grimace de Wambaria, je crains que ma force de conviction ne soit plus ce qu'elle était.

18 h 30

– Je viens d'avoir une idée grandiose, annonce tout à coup Fred, alors qu'installé au bar de l'hôtel il profite de sa dernière soirée à Nairobi avant son safari.

The Gentleman laisse échapper le faible jappement qu'il a pris l'habitude d'émettre depuis notre arrivée et prend sa tête dans ses mains en grommelant :

– Qu'est-ce qu'il est encore allé inventer ?

En accord avec lui-même, Fred a décidé de conquérir un nouveau continent. Il a donc décidé de planter un pavillon, sinon à son effigie, tout au moins au logo de la mairie, à l'Exposition universelle de Shanghai !

Comme il nous l'apprend, surexcité, il a même des idées pour la cérémonie d'ouverture : déplacer la maison SECS en Chine et y organiser un feu d'artifice pour l'ouverture de l'exposition !

– C'est génial, s'excite Simplet.

– C'est de loin la chose la plus stupide qu'il ait jamais envisagée, me souffle The Gentleman à l'oreille. Et on peut dire qu'il y a matière à compétition.

Simplet, lui, s'est levé, son cocktail à la main.

– Ça va être merveilleux ! Je connais beaucoup de collectivités qui vont nous envier d'avoir un projet aussi génial, pépie-t-il.

Je n'aime vraiment pas gâcher les rêves de quelqu'un, mais là, je n'ai pas le choix.

– Cette idée, aussi brillante soit-elle, me paraît difficile à mettre en œuvre, dis-je d'une voix très douce. Très peu de collectivités territoriales ont leur propre pavillon à l'Exposition et tout est déjà bouclé. Sans compter que déplacer cette maison serait plus coûteux que d'en construire une sur place.

– Ce ne sont que des détails techniques à régler… Et ne commence pas avec tes questions d'argent. On passera un budget supplémentaire et puis c'est tout ! Regarde, ici on y est bien arrivés !

– Parfaitement, reprend Simplet. C'est l'affaire de deux cent mil…

– Il est possible que la direction des finances se montre moins conciliante avec le concept d'équilibre budgétaire.

– Ça suffit ! Ta mère ne t'a jamais dit qu'il ne fallait pas couper la parole aux autres ? s'énerve Alix, excitée par le taux d'occupation de la pièce, bondée.

– C'est vrai, ce manque de politesse est insupportable ! renchérit Simplet.

Fatigués, The Gentleman et moi nous levons pour rejoindre la salle de conférences. Un hurlement fait stopper net les picadors. Le matador entre en scène et a de toute évidence décuvé.

– Une telle attitude est inacceptable, tempête Grand Chef Sioux.

Ses grands gestes finissent par attirer tout ce que la salle compte de participants. Galvanisé par cette attention, il se sent en verve. Je suis bien sûr la cible toute désignée. Pour changer. Sa diatribe m'est hélas familière : faire partie d'une équipe nécessite une loyauté sans faille, dont je suis, de toute évidence, dénuée ; il faudrait que j'apprenne à me remettre en question au lieu de jouer les adolescentes perturbées, et il tient à rappeler à tous les spectateurs que le chef de l'administration, c'est lui ! Et lui sait ce qui est bon pour les citoyens, tout proche qu'il est de leurs soucis quotidiens, avec ses 15 000 euros de traitement mensuel.

– C'est ce qu'il y a de mieux pour les habitants de notre ville, conclut-il avant de quitter la salle.

J'entends alors Fred pérorer devant un aréopage de diplomates :

– Les normes Haute Qualité Environnementale ne sont pas assez rigoureuses. Nous avons donc décidé de nous imposer des règles beaucoup plus strictes pour préserver la planète. Je vous propose de voir une réalisation pilote en matière de développement durable lors de votre prochain séjour en France.

– Ça va ? me demande The Gentleman, inquiet.

– Super ! Je viens de servir de punching-ball à un déséquilibré devant une salle comble et je vous annonce en avant-première que la paillote inachevée va bientôt être inaugurée en grande pompe.

– Mais c'est impossible, voyons ! Rien ou presque n'a été fait !

– Et alors ?

– M. Mayer est loin de posséder les qualités qui font un grand homme politique, mais s'il arrive devant une ruine, il est tout de même capable de suivre un certain cheminement de pensée et de se dire que, peut-être, le projet n'a pas abouti.

– Et alors ?

– Et alors, il ne va pas être content…, laisse échapper The Gentleman.

– Moi non plus, je ne suis pas contente ! Je me fais traiter comme la dernière des incapables à longueur de journées dans une indifférence totale. Donc, qu'il trépigne parce que son énième projet bidon ne voit pas le jour, honnêtement, je m'en tamponne le nombril du pinceau de l'indifférence.

Lundi 6 avril

12 h 15

Depuis la fugue avortée du Don, le Gang des Chiottards colle au maire comme une couvée de poussins, ce qui a l'immense avantage de me permettre de les éviter en bloc.

C'est dans cette atmosphère détendue que le miracle se produit.

– Je viens de recevoir la confirmation du safari, annonce Fred, alors que nous nous apprêtons à passer à table pour une nouvelle expérience gustative. Les entrepreneurs sont hébergés au Lake Nakuru Lodge, mais j'ai besoin de calme. Réserve-moi une suite au Sarova Lion Hill Game Lodge !

Je vérifie la disponibilité des chambres sur internet et manque de m'étrangler en découvrant les prix.

– Il faut réserver directement sur le site en donnant votre numéro de carte bleue.

– Hors de question, déclare Fred. Il y a trois ans, ma carte a été piratée à l'étranger. C'est super dangereux, j'ai failli me faire tirer 3 000 euros.

– Dans ce cas, il faudra réserver une fois sur place.

– Et s'il ne reste plus de chambre disponible ?

– À plus de 400 dollars la nuit, j'en doute fortement. De toute façon, je n'ai pas d'autre solution.

– Moi, j'en ai une. Utilise ta carte pour réserver ma chambre.

– Vous plaisantez ?

Fred hausse les épaules.

– Davies, donnez-moi votre carte bleue, j'en ai besoin pour réserver ma chambre.

Ses protestations sont rapidement interrompues par un sec :

– C'est un ordre, Davies. Je ne vous demande pas votre avis.

18 heures

Savoir que Simplet part à l'autre extrémité du pays avec la majorité des éléments les plus nocifs de la délégation est tellement inespéré que je décide de les escorter personnellement jusqu'à leur taxi et de les y installer.

Alors que je fais les cent pas sur le parvis de l'hôtel, en m'arrêtant régulièrement devant le chauffeur de taxi pour lui faire un sourire rassurant et le dissuader de repartir malgré les vingt minutes de retard de sa cargaison, Simplet et le Don arrivent, côte à côte.

Je fourre les vouchers de l'hôtel dans les mains de Simplet et regarde béatement les taxis s'éloigner. Si je résiste à l'envie de leur adresser de joyeux signes de la main pendant que le convoi de branquignols s'éloigne, je remarque que The Gentleman, lui, n'a pas ma réserve. Il secoue le bras avec un enthousiasme dont je l'ignorais capable.

Mercredi 8 avril

7 h 10

Boy don't try to front
I (I) know just (just) what you are (are are)
Boy don't try to front
I (I) know just (just) what you are (are are).

Voilà maintenant Britney Spears dans ma chambre ?

J'allume la lampe de chevet et attrape un portable qui, de toute évidence, n'est pas le mien.

Ce qui m'est immédiatement confirmé lorsqu'une voix me demande :

– Oui, bonjour, je voudrais parler à M. Davies.

J'examine le mobile avec attention.

– Il semblerait que nous ayons échangé nos téléphones par inadvertance. Je travaille avec lui, peut-être puis-je vous être utile ?

– Trente chambres d'hôtel ont été réservées hier pour une délégation française..

– Au Lake Nakuru Lodge, oui, effectivement. Pourquoi ?

– Les personnes ne se sont jamais présentées. Les chambres sont vides.

Je remercie l'hôtesse, saute dans un jean et un tee-shirt propres et fonce réveiller le seul responsable en état d'agir.

The Gentleman ouvre la porte et cligne des yeux :

- Vous avez troqué Verdi pour Britney Spears ?

Il me regarde comme si j'étais possédée, avant d'articuler péniblement :

– Il doit me manquer des éléments.

– À moi aussi, de toute évidence. Bon, le Lake Nakuru Lodge vient de téléphoner. Apparemment, la délégation n'y a pas dormi.

Mon chef se décompose :

– L'avion a dû s'écraser.

7 h 20

– Pas de catastrophe aérienne, m'informe-t-il après avoir téléphoné au consul. Ils sont tous descendus dans le même hôtel que Fred. Ils pensaient qu'on avait réservé là-bas.

– Les vouchers indiquaient clairement le contraire...

The Gentleman se frotte les yeux avant de poursuivre :

– Alix est furieuse. Elle a dit que...

– C'était mon dossier, donc ma faute... évidemment... Des arrhes vont être débitées, la première nuit ainsi que le prix de la navette de l'hôtel censée les accueillir à l'aéroport de Nakuru, ce qui nous fait...

– Vous savez quelle est la première chose que je vais faire en rentrant chez moi ?

Je lève le nez de mes comptes et secoue la tête :

– Non.

– Me connecter sur le logiciel de la mairie et poser trois semaines de congés.

– ... 14 650 euros.

– Mes vacances ?

– Non, le prix de leur analphabétisme.

Mai

Mercy, mercy me (The ecology song)

Le problème avec la folie des grandeurs, c'est qu'on ne sait pas où finit la grandeur et où commence la folie.

Quino, *Mafalda*

Lundi 4 mai

11 heures

Dès son retour au camp de base, Fred pique un caprice dantesque qui fait trembler les couloirs désertés de la Direction Internationale et Européenne. J'ai à peine le temps de réduire ma fenêtre YouTube pour un écran un peu plus en adéquation avec ce que je suis censée faire, que The Gentleman se réfugie dans mon bureau.

– M. Mayer ne comprend pas que ses frais de restauration ne soient pas intégralement pris en charge ! Il veut virer tout le monde ! détaille-t-il, apparemment ébranlé.

– Qu'il essaie. Où est l'état des frais ?

The Gentleman me tend un épais dossier que je commence à compulser distraitement et qui ne tarde pas à confirmer ce que je savais déjà.

– Aucune chance ! Regardez ce que la direction des finances a surligné en fluo : ces dépenses dans un bar et ces « factures » ; en fait, il essaie de faire passer de la compagnie féminine en frais de déplacement.

– Des prostituées ? chuchote The Gentleman, comme si prononcer le terme à haute voix allait le rendre coupable d'un crime.

– Des putes, oui. C'est un grand classique chez lui. Il n'a pas intégré le fait que, lorsqu'il part en mission à l'étranger, s'envoyer en l'air avec une fille du cru ne participe pas directement de l'action de la ville...

– Mais qu'est-ce que je vais lui dire ?

– Que la call-girl qu'il a engagée l'a peut-être emmené au septième ciel, mais qu'il est impossible de faire passer ce genre de dépenses en frais de déplacement, voilà ce que vous allez lui dire !

Jeudi 6 mai

14 h 10

Un halètement rauque mêlé de gargouillis dont s'échappe un « bordel ! » à intervalles réguliers m'annonce l'arrivée en fanfare dans mon bureau d'un Fred au plus mal.

– C'est un scandale ! éructe-t-il en jetant un journal rageusement sur mon clavier. Je vais le faire virer ! Non, mais tu as vu le torchon de cet enculé ? !

Cette formule un peu relâchée désigne une feuille plus connue sous le nom de *Journal de la ville*. Qu'est-ce qui a provoqué l'ire de notre élu ? Une entreprise songe à modifier son logo ? Un enseignant a créé un club de football pour les enfants d'un quartier défavorisé ?

Fred m'arrache le journal des mains et l'ouvre à l'avant-dernière page.

Évidemment.

Bébert, l'hagiographe du Don, a de toute évidence bien bossé.

Sur une double page s'étalent deux photos de notre Maître engoncé dans une veste trop étroite et à moitié étranglé par une cravate particulièrement criarde. Grâce à un angle plutôt flatteur – ou aux miracles de Photoshop –, on a réussi l'exploit de lui gommer significativement sa bedaine de buveur de bière. Le malheureux grimace un sourire en serrant la main de diplomates kényans dont il serait bien incapable de décliner les fonctions.

Un grognement me tire de ma méditation.

Fred, qui ne figure sur aucune des photos sélectionnées par Bébert, est en train de piquer une crise de jalousie.

– Fin mai. Je veux qu'on inaugure la maison SECS fin mai !

Fin mai. Le moment où l'agenda du Don est plein et où Fred pourra donc avoir la vedette.

Lundi 10 mai

11 heures

À peine arrivée au travail, si j'ose dire, j'exhume un calepin et un stylo quand un « Alors ready ? » me vrille tout à coup les tympans.

Je lève les yeux pour apercevoir la Schtroumpfette survoltée qui fait des bonds dans mon bureau.

– J'ai besoin de libérer mon trop-plein d'énergie, m'explique-t-elle entre deux entrechats. Ça ne vous dérange pas, au moins ? s'inquiète-t-elle.

– Absolument pas, profitez-en tant que nous ne sommes pas côte à côte dans la rue.

– Vous croyez que Nicolas serait intéressé par une participation au spectacle vivant que j'ai l'intention d'organiser pour l'inauguration de notre maison expérimentale ?

Difficile à dire : depuis notre retour de Nairobi et le savon que lui a passé le Don, Simplet n'est plus que l'ombre de lui-même.

– Posez-lui la question, vous serez fixée.

– Il faut une personne à l'aise en public et suffisamment spécialiste des questions européennes pour faire une improvisation sur les politiques de développement durable. J'ai immédiatement pensé à Nicolas, m'explique-t-elle, avant de discourir sur les incroyables qualités intellectuelles de Simplet, lesquelles, de toute évidence, m'ont échappé.

Lundi 10 mai

11 h 30

À peine Garance est-elle partie que le directeur des relations internationales débarque et fait trois fois le tour de la pièce avant d'émettre un claquement de langue énervé.

– Nous sommes fichus, mon détachement va être annulé et mon ministère va me muter en Érythrée.

The Gentleman est aussi compétent qu'obsessionnel ; dès qu'il a un problème, la mutation en Érythrée revient avec plus de constance qu'une ânerie dans la bouche de Simplet.

– Le directeur des finances n'a validé qu'un devis sur quatre.

Géant Vert, de fait, n'a pas aimé ce qu'on lui a rapporté du continent africain.

– Mais pourquoi ?

– Parce que, même en anciens francs, c'était du vol ! Je conçois qu'il n'ait pas voulu accepter une évidente surfacturation, mais c'est nous qui allons nous faire étriper. M. Mayer n'est pas un aigle, reprend-il, mais il va quand même réaliser la différence entre cette paillote inachevée et la quintessence de la maison écologique que M. Baudet lui a décrite ! Et vous ne devinerez jamais ce qu'il m'a dit…

Je hausse les épaules.

– Il m'a dit : « On va s'arranger, l'inauguration est dans plus de quinze jours, cela nous laisse le temps. » Le temps de quoi ? s'insurge The Gentleman. D'acheter un marteau et des panneaux solaires pour la construire nous-mêmes ? Comment va-t-on faire ? ajoute-t-il en se tournant vers moi, les yeux pleins d'espoir.

Ta carrière est fi-nie !

Je suis fonctionnaire, je n'accomplis pas de miracles. On ne va pas faire

Jeudi 13 mai

16 h 10

Désireux de réintégrer le top five des chouchous des élus, Simplet multiplie en ce moment les propositions les plus délirantes. N'ayant ni réussi à faire inviter Fred au 20 heures de TF1, ni convaincu la ministre de l'Écologie et du Développement durable d'assister à l'inauguration de la maison SECS, il revoit ses ambitions à la baisse et débarque dans mon bureau :

– J'ai eu l'idée la plus brillante qui soit.

– Je démissionne. Cette fois, je démissionne, me chuchote The Gentleman à l'oreille.

– Nous sommes exemplaires, il est temps que les citoyens en soient informés, annonce Fred en m'entraînant dans la salle de réunion où les deux agents encore présents ne prennent même pas la peine de simuler l'intérêt : Léon feuillette un magazine et Michelle finalise son inscription au concours d'attachée territoriale.

Face à cet auditoire surmotivé, notre élu annonce sa nouvelle ambition : faire publier un livre ! Un livre sur quoi ? Sur les « bonnes pratiques » de notre mairie en matière de développement durable. Il fallait oser. « Les cons, ça ose tout, c'est même à ça qu'on les reconnaît », disait Audiard.

Au même moment, Alix surgit en hurlant. Elle est dé-bor-dée ! Elle ne touche plus terre ! Comment pourrait-elle gérer cette charge de travail supplémentaire ? De toute façon, personne ne la prend au sérieux ! Elle va se mettre en arrêt maladie et il y en a qui seront contents, tiens !

Et pour ne laisser aucun doute sur l'identité de ces êtres mystérieux et cruels qui la torturent, elle me regarde en hochant la tête d'un air entendu.

Sa paranoïa serait distrayante si elle ne passait pas ses journées à expliquer à qui veut l'entendre que 90 % de mon temps est consacré à ourdir de sombres plans pour lui pourrir l'existence.

– Ne t'inquiète pas, la rassure immédiatement Simplet en exhibant son atout : Nous allons demander aux stagiaires de nous donner un coup de main. Ils sont là pour ça.

– Mais qui va corriger le projet, une fois qu'ils auront terminé ? demande Alix d'un ton soupçonneux, tandis que je me ratatine sur mon siège, me préparant à l'inévitable.

– Zoé, qui se plaint toujours de n'avoir pas assez de travail, pourra y jeter un coup d'œil.

Toute velléité de protestation de ma part est immédiatement court-circuitée par un « au moins, ça l'occupera ».

Entendre parler de moi à la troisième personne du singulier lorsque je suis à côté est toujours un grand moment de bonheur.

Lundi 17 mai

16 h 50

Je viens d'atterrir sur le fauteuil défoncé de mon bureau.

– Eh bien, c'est pas brillant, m'annonce d'emblée Michelle pendant que je m'affaire à traduire dans un français acceptable la prose des stagiaires, à mi-chemin entre le SMS et le copié-collé sauvage de Wikipédia.

– En fouillant bien, il y a des infos utilisables...

La qualité de l'inépuisable réservoir de main-d'œuvre sous-payée que nous employons à tour de bras se compose de collégiens en stage de découverte et d'étudiants de Sciences-Po. Nul besoin d'être devin pour savoir lesquels Alix va nous refiler.

– Zoé, le dossier fait à peine cinq pages et je l'ai déjà passé en corps 16.

– Coralie, pourriez-vous, s'il vous plaît, récupérer les photos qui sont dans mon bureau ?

Coconne renifle à fendre l'âme, se mouche et fourre son Kleenex en boule dans sa manche, tout en dardant un regard furieux à son bourreau. Michelle vient de balayer d'un « il-ne-fallait-pas-crier-au-loup » énervé ses velléités de rentrer chez elle plus tôt. Le numéro « mais-cette-fois-je-suis-vraiment-malade » n'a pas fonctionné. Elle a été obligée de classer ses dossiers.

– Oui, soupire-t-elle en s'affaissant sur une chaise.

– Je crois que Zoé voulait dire « tout de suite », précise

Michelle, tandis que Coconne s'éloigne en grommelant sur l'injustice du monde.

S'ouvre à nous la perspective d'une fin d'après-midi radieuse, lorsque The Gentleman arrive, décomposé :

– Michelle, Zoé, je ne voudrais pas vous inquiéter, mais je crois qu'il y a une bombe, en bas.

Coconne nous informerait-elle qu'un type bardé de bâtons de dynamite est dans le hall avec un minuteur dans une main et un flingue dans l'autre, personne ne bougerait un cil, mais The Gentleman a acquis une certaine crédibilité au fil des mois.

Je lève les yeux et l'observe attentivement.

Il est livide.

– J'ai entendu un bruit vraiment inquiétant.

– Quel genre de bruit ? demande Michelle.

– Un bip-bip persistant.

– D'où vient-il ?

– De la boîte aux lettres située devant la mairie.

Malgré les affiches savamment collées indiquant : « Ceci n'est pas un cendrier/poubelle. Merci de ne rien y mettre d'autre que des lettres », notre boîte aux lettres géante compte plus d'emballages de gâteaux, de cendres de cigarettes et de chewing-gums mâchés que de courrier.

Notre mascotte en profite pour jaillir de nulle part.

– Il y a une bombe ? Vraiment ?

Nos deux réponses fusent :

– Probablement pas, non.

– Mais que faites-vous encore ici ? Il est 17 heures ? ! s'étonne The Gentleman qui en oublie son problème.

– C'est Michelle qui m'a obligée. Y a quoi alors ?

– Juste un bruit suspect.

Le téléphone nous fait sursauter.

– C'est les terroristes ! Ils viennent demander une rançon ! s'écrie Coconne qui ne peut s'empêcher d'arborer un sourire ravi.

The Gentleman secoue la tête d'un air las et je décide de faire cesser le suspense.

- C'est sans doute Alix qui vient s'enquérir de l'avancée de la brochure.

– N'étions-nous pas supposés rédiger un livre sur ces putains d'Assises ? Pardon pour ce langage.

– Un livre... pourquoi pas une saga dans La Pléiade, tant qu'on y est ? s'esclaffe Michelle. Même en mettant les photos du maire couvert de boue et celles de la soirée karaoké, ce serait au mieux une brochure.

Un téléphone sonne.

– Vous ne décrochez pas ?

J'appuie sur le haut-parleur et une voix furibonde envahit immédiatement la pièce :

– T'en es où ?

– Ça avance.

– J'espère que tu auras fini suffisamment tôt pour que je puisse tout reprendre ensuite. Tu n'as aucune légitimité rédactionnelle ! La Responsable de l'Information Citoyenne Chargée de Maximiser la Transparence et la Proximité, c'est moi, ne l'oublie pas !

Alix dans ses œuvres : elle se contentera en réalité de récupérer le fichier et de l'apporter à Simplet en s'effondrant sur une chaise et en geignant que dans ce service, elle doit tout faire, qu'elle est au bord du burn-out et que ce n'est plus possible ! Elle partira ensuite en télétravail, synonyme de vacances loin du monde merveilleux du Gang des Chiottards.

Je maugrée une réponse et coupe l'assaut hystérique d'Alix.

– Et la bombe ? demande Coconne en retroussant ses manches, au comble de l'excitation.

– On y va, décide Michelle.

Nous sortons du bâtiment et une sorte de bip-bip persistant s'échappe effectivement de la boîte aux lettres municipale.

Coconne s'agrippe à mon dos tandis que je me rapproche du danger. J'attrape un cône orange et blanc de travaux publics qui est, comme chacun sait, l'outil indispensable des démineurs.

J'entrouvre la boîte.

– Alors ? demande anxieusement Coconne, collée à moi comme un koala à sa mère, alors que Michelle recule d'un bon pas, au cas où.

– Je ne vois rien, pouvez-vous me passer votre briquet ?

Je soulève une nouvelle fois le rabat et inspecte le contenu pendant que Coconne pousse des petits cris inquiets.

Pas de bombe, si du moins cela ressemble à ces trucs que Jack Bauer s'escrime à vouloir désamorcer dans *24 heures chrono.*

– Il n'y a rien. Par contre, Coralie, nous avons plusieurs réponses à l'appel à projet qu'il va falloir finir par récupérer. Pourquoi pas maintenant, par exemple ?

– Si nous mourons, cela n'aura aucune importance, rétorque-t-elle en me lâchant enfin et en dégainant son portable. Si ça saute, je tâcherai de prendre une photo, nous explique-t-elle en se concentrant sur la mise au point de son appareil.

The Gentleman lui lance un regard atterré et s'écarte pour voir si ça ne vient pas de l'avant-toit. Le bruit s'intensifie.

– Cette fois, on va mourir, gémit Coconne, l'œil rivé à son écran.

C'est une réalité inébranlable : dans un espace restreint, à force de s'écarter d'un mur, on se heurte à un autre. Notre directeur finit par se cogner aux portes vitrées du bâtiment voisin. Le bruit intermittent devient continu. Nous levons la tête tous les deux.

Nettement moins exotique qu'une bombe.

À peine plus drôle que l'alarme d'une montre bon marché.

La toute nouvelle cellule d'alarme photosensible n'a, de toute évidence, pas été réglée correctement.

– Si vous n'y voyez pas d'inconvénient, je préférerais qu'on n'ébruite pas trop cette histoire, déclare The Gentleman en redressant sa cravate d'un geste digne.

Un glapissement nous fait sursauter.

– Tu devineras jamais où je suis ni ce que je fais, klaxonne Coconne dans son portable. J'ai failli désamorcer une bombe, si, si, je t'assure...

Vendredi 21 mai

14 heures

Dans notre mairie adorée existe un merveilleux service : la reprographie. Dans un open space, quatre agents cultivent avec passion leur ferme virtuelle sur Facebook et accessoirement font les photocopies couleur que nous leur demandons.

Pour une raison qui dépasse l'entendement, Grand Chef Sioux a décidé qu'il était plus efficient d'embaucher quatre personnes à temps plein, plutôt que d'acheter des photocopieurs couleur.

– Ça ne va pas plaire à notre Casanova de province, déclare The Gentleman en tenant notre brochure à bout de bras.

Effectivement, les six pages imprimées en couleur sur papier glacé ne donnent pas envie de hululer d'enthousiasme.

– Je ne comprends pas, se désole la Schtroumpfette. Nous avions checké le BAT ensemble et ils n'ont pas choisi les bonnes photos. La focale n'est pas ouverte sur celles-ci.

Coconne fronce les sourcils, plisse le nez, resserre la bouche : elle pense.

– Mais il y a des gens qui vont lire ça ?

– J'en doute, la rassure The Gentleman. Et si tel est le cas, cette terrible désillusion causera peut-être à Fred un choc nerveux tel qu'il lui faudra de longs mois loin de la mairie pour s'en remettre, conclut-il, le regard perdu dans l'espérance d'un avenir radieux Fred-free.

Mercredi 26 mai

11 h 20

Ce matin, le bal des pleureuses ne s'est pas fait attendre longtemps.

– Tout va mal ! m'annonce Coconne. Je n'ai pas entendu mon réveil et me suis levée très en retard. Et lorsque j'ai branché mon fer à repasser, la prise spéciale « fer à repasser » ne fonctionnait même pas ! Vous vous rendez compte un peu !

– Vous avez une prise… spéciale ?

– Évidemment. Vous voulez que je le branche où, sinon ? répond-elle, ahurie que je puisse lui poser une question aussi stupide. Vous n'avez pas de prise « fer à repasser » ? demande-t-elle, estomaquée.

– Je n'ai pas de fer à repasser, mais je crois que ça se branche sur toutes les prises.

– Bien sûr que non ! Mon mari dit toujours : « J'ai ma prise pour l'atelier et toi, tu as la tienne. » C'est mon rituel du matin : je me lève, je prends ma douche, je repasse mes vêtements en peignoir, je prends mon petit déjeuner, je m'habille, je me maquille et je pars, récite-t-elle avec enthousiasme.

Bon, une pause.

– Avez-vous récupéré le bon de commande pour le buffet de ce soir ?

– Au protocole, l'assistante m'a dit qu'elle s'y mettait tout de suite.

– Et quand vous a-t-elle dit ça ?

– Lundi.

Trois jours déjà, donc. Un rapide appel au service du protocole m'informe que Madame-je-m'y-mets-tout-de-suite est en week-end et que le bon de commande est introuvable.

– Vous allez dire que je suis méchante, commence Coconne. Mais, parfois, j'ai l'impression qu'ils sont un peu bêtas au Cabinet.

– Vous pensez que M. Baudet peut signer le bon ? intervient The Gentleman.

– Une simple signature devrait être dans ses cordes.

Nous retrouvons Simplet incrusté à son bureau en train de feuilleter *Télé Star* d'un air désabusé.

– C'est à se demander pourquoi je continue de payer la redevance, déplore-t-il en soupirant à fendre l'âme.

– Nous avons besoin que vous signiez le bon de commande en urgence, indique The Gentleman.

Simplet abandonne à regret son magazine, avant de lire en diagonale le bon et de décréter :

– Faut qu'Alix valide.

– Mais Alix est conseillère technique au Cabinet et il s'agit d'un document purement technique, objecte The Gentleman. Nous commandons des petits-fours, cela n'a rien d'une décision politique.

– Faut qu'Alix valide.

Simplet, born to be a larve.

– Mais Alix est en récupération, elle ne revient qu'à 16 h 30, ce sera trop tard, tente de le raisonner notre directeur.

– Alix a dit qu'elle devait tout valider, persiste notre patron tout en nous poussant vers la sortie et en refermant la porte.

– Que fait-on ?

– On va chez Picard acheter des petits-fours.

– J'ai besoin d'un café avant. Vous en voulez un ?

– Je ne sais pas. Faut qu'Alix valide.

16 h 35

Si l'on veut vraiment se concentrer sur l'aspect positif de la situation, je citerais : le toit a l'air assez solide, les murs en bois font très développement durable et le grand Velux pourrait presque passer pour un panneau solaire. Quant à l'intérieur, il est brut de décoffrage et l'exposition qui devait être installée par le service du protocole est vraisemblablement dans les cartons que nous leur avons remis il y a plus de dix jours.

– Mais où sont les goodies ? demande la Schtroumpfette.

– Sans doute dans le placard du protocole, juste à côté des panneaux de l'exposition.

– J'ai longuement réfléchi, nous annonce Simplet tandis que le visage du Gentleman se plisse de douleur devant la catastrophe imminente qui va nous tomber dessus. Il se peut que Fred ne prenne pas très bien le fait que la maison SECS soit totalement vide.

C'est bien le moment de manier la litote.

– Zoé, je crois que le mieux, c'est que tu ailles le voir et le mettes au parfum avant. Enfin, tu vois...

Je vois, oui : Fred va avoir besoin d'un punching-ball et Simplet m'offre gentiment ce rôle.

– Pas vraiment, non.

– Ben, si tu pouvais aller le voir et l'informer de... enfin, tu vois...

– Toujours pas, non, désolée.

– Il faut que j'en parle avec Alix pour qu'elle... enfin, tu vois, hein ? T'en penses quoi ?

– Moi, rien. Il faudrait que j'en parle avec Alix pour qu'elle... enfin, vous voyez.

Simplet s'éloigne en traînant les pieds, l'air maussade.

17 heures

The Gentleman débarque les bras chargés de cartons et se transforme aussitôt en général hyperactif motivant ses troupes cinq minutes avant la bataille. Il balaye d'un mouvement de tête les gloussements de la Schtroumpfette :

– On palabrera ensuite.

Il me colle dans les bras une demi-douzaine de posters verdoyants.

– Zoé, accrochez ça, Garance, poussez les tables contre le mur pour qu'on y installe l'exposition et le buffet. Où sont les chaises pour les invités ? Allez, vite !

Les bras chargés de tous les posters incollables à la mairie, mais qui se sont, dans l'imaginaire de Communicator, transformés en supports de communication de premier ordre, je me cogne dans Simplet. Il a dû voir avec Alix qu'il devait se démerder tout seul.

– Il reste les cadres de l'exposition à accrocher.

– Je ne suis pas déménageur, proteste-t-il. Je suis directeur de la DIE.

Et moi, je ne suis pas décoratrice et je m'apprête pourtant à punaiser d'immondes affiches.

– Pensez-vous que M. Mayer soit réceptif à ce genre d'arguments ?

Simplet hoche la tête frénétiquement, avant d'attraper un marteau et de cavaler au fond de la pièce.

18 h 10

Le buffet est installé, les affiches placardées sur les murs, et je m'accorde une pause macarons bien méritée. C'est le moment que choisit Fred pour me sauter dessus :

– C'est ça que vous appelez une maison SECS digne de ce nom ? Mais vous vous moquez du monde ! râle notre élu, qui, toasté aux UV, commence à agiter un porte-cigarettes surmonté d'une Vogue.

Coco Chanel style d'aujourd'hui.

– Où sont les panneaux solaires photovoltaïques, les briques de terre cuite et la pompe à chaleur ?

L'adjoint se transforme en Grand Expert. J'aurais tout vu.

– Le coût d'une telle construction allait bien au-delà de notre budget, tente d'expliquer The Gentleman. Mais regardez, l'ossature est en bois et nous avons installé une exposition retraçant toutes les actions en faveur d'une politique écologique effectuées par les collectivités territoriales de la région.

– C'est minable ! Où est Baudet ? Parce que lui a l'enthousiasme dont vous êtes de toute évidence dépourvus ! Il m'a dit à plusieurs reprises à quel point mon idée était fabuleuse et qu'il entendait s'y investir corps et âme. Un jour, je vais tous vous virer, menace notre élu avant de nous gratifier d'un regard outragé et d'une sortie théâtrale.

– Garance, les journalistes que nous avons contactés vous ont-ils dit qu'ils venaient ?

La Schtroumpfette se mord la lèvre inférieure et avoue :

– Même le type d'*Armes de chasse* a refusé.

– Et ceux qu'on a trimballés au Kenya ? Couvrir

l'inauguration d'une réalisation menée par un élu qu'ils connaissent devrait les intéresser, non ? s'étonne The Gentleman.

– Ils ont tous refusé. Et vous avez donné la raison dans votre question : ils connaissent Fred, maintenant.

Notre directeur se laisse dégouliner contre le mur et s'enfile deux mini-éclairs au chocolat.

– Je fais du squash le mercredi à cent mètres d'ici, d'habitude, articule-t-il entre deux bouchées.

– Vous cherchez des idées de reconversion ?

– Et mon partenaire de squash a toujours son appareil photo sur lui, continue The Gentleman avant de partir en courant.

– Mais enfin, s'inquiète notre chargée de com, on ne peut pas faire passer un joueur de squash pour un photographe. C'est complètement antiprofessionnel, surtout vis-à-vis de nos partenaires kényans !

– Honnêtement, Garance, je doute que les deux stagiaires de l'ambassade du Kenya y trouvent grand-chose à redire…

19 heures

Tous les happy few sont là.

Comme toujours dans ce genre de sauterie, les premiers rangs sont occupés par l'entourage des élus et du Gang des Chiottards, trop heureux d'exhiber ce qu'ils considèrent comme un modèle familial parfait.

Vient ensuite l'armée de notables wannabe, qui, pour se hisser au sommet, viennent lécher des bottes avec abnégation. Toute la soirée, ils tenteront d'anticiper les désirs des élus, courant chercher une flûte de champagne, brandissant le petit-four sur lequel un conseiller municipal aura louché, et hochant la tête avec enthousiasme.

On descend ensuite d'un bond dans la grille indiciaire. Les rangs du milieu sont occupés par des agents uniquement attirés par la perspective d'un gueuleton gratuit. Qu'il faille subir un discours et quelques numéros de cirque n'a finalement que peu d'importance.

Le fond est réservé aux renégats qui, entre deux verres, n'hésitent pas à proclamer à haute et intelligible voix ce qu'ils pensent du Don et de sa petite cour. Je vois Maurice et sa troupe syndicale s'y installer avec un enthousiasme qui ne présage rien de bon, mais l'arrivée du Gentleman, de son partenaire de squash et de « la dame de l'accueil – elle ne parle pas très bien français, mais elle est vraiment très gentille » – m'empêche d'aller voir ce qu'ils trament.

En attendant le retour de notre « star de l'écologie », actuellement occupée à organiser notre licenciement collectif par SMS, Communicator, nonchalamment adossé à un pilier, prend des poses dans son nouveau costume Armani tout en lançant à notre photographe improvisé des regards pleins d'espoir.

Une fois que tout le monde est installé et que le murmure d'impatience s'est transformé en un « putain, mais qu'est-ce qu'il fout ? » généralisé, Fred débarque enfin. Serrant une main, tapotant une épaule et gratifiant la foule de coucou Miss France, il se fraye un chemin, couvé du regard par ses sbires, et monte sur l'estrade.

Alors qu'il nous a agonis d'injures moins d'une heure auparavant, il se lance dans une véritable apologie de ses services, sans le travail formidable desquels nous ne serions pas là aujourd'hui ! Puis le voilà qui enchaîne sur ce qui a justifié la razzia sur le rayon « petits-fours sucrés et salés » du Picard de la ville : l'inauguration de la maison SECS qui-symbolise-si-bien-la-nouvelle-politique-de-la-ville. Cette maison, c'est la quintessence de la construction écologique ! Le bijou du développement durable ! Un modèle du genre, voilà ce que c'est !

The Gentleman pouffe.

Alix, Simplet et Communicator roucoulent de bonheur.

Le partenaire de squash de notre directeur des relations internationales en oublie de prendre les précieux clichés.

Les spectateurs regardent leurs montres et le buffet.

Les deux stagiaires kényans racontent à Michelle comment monsieur l'élu de la mairie leur a montré sa collection d'éléments de la faune, alias le zoo en céramique qu'il appelle « mon bureau », Ihet, sa déesse vache se sentant un peu seule, d'après Fred.

– Pourquoi collectionne-t-il des animaux en céramique ? demande le plus hardi des stagiaires.

Fêlure dans sa structure mentale ?

– C'est quelque chose de typiquement français de collectionner des animaux ?

Avant même qu'il n'ait eu le temps de l'imaginer dans une maison remplie de merdouilles en plâtre, Michelle se met à secouer la tête compulsivement :

– Absolument pas !

Le torse bombé, les bras moulinant d'enthousiasme, Fred s'est lancé dans un grand numéro d'artiste. De conseiller municipal adepte des voyages tous frais payés, il devient ministre des Affaires étrangères. Et du Développement durable ! Les deux idées qui se battent en duel dans son crâne de piaf se transforment en livre blanc d'une réforme d'envergure, les trois posters du bungalow inachevé dans lequel il pérore, les preuves de sa magnificence écologique.

– Cette chimère écologique qui, bientôt, sera la norme, je l'ai d'abord imaginée. D'ailleurs, Descartes ne disait-il pas : « Je pense, donc je suis », le fameux *cogito* ? conclut Fred, au dernier stade de l'exaltation. J'aimerais dire qu'on a touché le fond.

À peine descendu de son piédestal en bois naturel, notre élu lance les hostilités :

– La bibliothécaire ménopausée, elle bosse pour quel canard ? Je ne l'ai pas vue prendre de notes. Et le grand, on peut savoir pourquoi il se marrait au lieu de faire des photos ? Je te préviens, Zoé, si demain je n'ai pas une page dans la presse nationale, je te vire !

– Ah ouais, vous la virez ? intervient Maurice. Nous ferons d'une pierre deux coups lors de notre conférence de presse.

– Quelle conférence de presse ?

– Pour nos primes. Ça fait plus de huit mois que vous nous baladez avec vos « groupes de travail » et vos « comités de pilotage », et pendant ce temps-là, rien ne se passe. Ah si, vous vous la coulez douce dans des Assises bidon au Kenya, j'oubliais ! Alors on s'est réunis et l'intersyndicale a convoqué une conférence de presse demain matin…

Fred trouve immédiatement la parade en nous servant la version adulte du « mon chien a mangé mon cahier, mais je vous jure que j'avais fait le problème de maths, maîtresse ».

– Les augmentations de rémunérations dans le public sont supérieures à celles observées dans le privé et l'incendie qui a ravagé nos sous-sols explique le retard dans l'ajustement des primes.

Mercredi 26 mai

Provoqué par la clope post-coïtale de Grand Chef Sioux, « l'incendie » n'a rien ravagé du tout. Oubliée sur un journal, sa cigarette a causé un début de feu que ce don juan de pacotille a pu arrêter en l'étouffant avec le manteau de l'assistante avec qui il jouait au docteur. Les flammettes ont tout juste entamé l'une des poubelles des toilettes pour hommes, notre directeur général ayant des goûts très sûrs en matière de lieux romantiques où s'envoyer en l'air.

– Je suis persuadé que les journalistes seront ravis de relayer cette explication en face des chiffres que nous allons leur donner, conclut notre syndicaliste de choc, avant de fondre sur le buffet et de se composer une assiette plus que garnie.

– Je peux savoir ce qu'il fout là ? C'est toi qui as fait venir Maurice, c'est ça ?

Après avoir passé deux semaines à courir après les VIP aux emplois du temps surchargés invités par Fred, nous avons fini par envoyer des cartons d'invitation à l'ensemble des agents de la mairie. Dont notre délégué syndical.

– Je te préviens, ça ne va pas en rester là. J'en ai par-dessus la tête de tes conneries. Et demain, tu vas t'occuper de balader les deux Ivoiriens, conclut Fred en me lançant à la volée une brochure de l'office de tourisme de Paris.

– Je pensais qu'il s'agissait de leur faire visiter notre ville ? De toute façon, ce ne sont pas des Ivoiriens, mais des Kényans.

Fred hausse les épaules. Bonnet blanc, blanc bonnet, mes considérations ethniques l'ennuient profondément et il ne prend même pas la peine de s'en cacher.

– Non, ils veulent voir Paris et j'ai autre chose à foutre que de les trimballer, figure-toi ! Et arrête de me contredire, je ne le supporte plus ! Davies et toi êtes les seuls disponibles, de toute façon.

L'autre personne disponible arrive justement alors qu'il commence à décrire nos nouvelles fonctions de GO pour stagiaires africains en goguette. Au moment où il évoque une promenade en péniche, The Gentleman commence à secouer la tête frénétiquement :

– Je veux bien leur faire visiter un musée mais faire le mariole sur un bateau à touristes, là, ça dépasse mes capacités. Il faudra me passer sur le corps…

Fred se tourne vers moi.

– J'espère qu'enjamber son corps vous ralentira suffisamment pour que je puisse partir en courant et prendre de l'avance.

Jeudi 27 mai

17 h 10

– Je ne me souviens plus de l'expression que vous aviez employée…

– Ça suffit, râle The Gentleman tandis que son corps et, accessoirement, le mien sont installés sur les sièges d'une atroce péniche à touristes.

– Le supplice s'achève de toute façon ; encore quelques centaines de mètres et nous serons à bon port.

– J'ai cru que ce moment n'arriverait jamais ! s'écrie The Gentleman en se levant d'un bond et en cavalant vers la Peugeot de la mairie.

Mon portable se met à vibrer.

Michelle.

– N'avais-tu pas posé quatre jours de congés ?

– Si. Et laissez-moi vous dire que seule cette perspective m'a permis de supporter cette semaine.

– Désolée de ruiner tes projets, mais demain il faut que tu viennes. Nicolas n'a pas validé tes congés.

– Comment ça ? Ils sont posés depuis plus d'un mois.

– Fred a décrété que tu ne les méritais pas, soupire Michelle pendant que je me demande si un abandon de poste dans une collectivité dirigée par de tels tarés serait plaidable devant un tribunal avec un bon avocat.

– Mais à quel titre ?

– Eh bien, il est élu.

Élu de droit divin, voilà le statut de Fred, ce branleur moralisateur.

– Si je dois attendre de rentrer dans ses bonnes grâces en exécutant ses quatre volontés, autant dire que je ne suis pas près d'avoir des vacances cette année.

– Que dit Maurice ?

– Rien. Et la médecine du travail, lorsque je leur ai raconté mes déboires, m'a demandé si mes vaccins étaient à jour. Sans doute au cas où j'essaierais d'attenter à mes jours avec un clou rouillé.

Vendredi 28 mai

9 heures

Deux mois pour se faire rembourser des frais de déplacement, un mois pour obtenir un entretien avec l'assistant du chef de service de la sous-direction de l'ex-DRH-actuelle DMEPH, trois semaines pour obtenir la signature d'un élu au bas d'une note lambda, mais seulement douze heures pour recevoir une lettre de convocation de remontée de bretelles chez le DGS. Comme quoi, quand ils veulent vraiment, ils peuvent être rapides.

Une convocation chez Grand Chef Sioux est toujours de mauvais augure.

The Gentleman passe une tête inquiète par la porte de mon bureau :

– Quelle heure ?

– 9 h 15, et vous ?

– 9 h 45. Que pensez-vous qu'ils vont nous faire en trente minutes ?

– Le pilier du despotisme, même de bas étage, c'est la crainte. Ils vont tenter de nous menacer. En une demi-heure, ils ont le temps de nous expliquer comment ils vont nous traîner devant un conseil de discipline, nous révoquer, nous virer comme des malpropres, pourrir le reste de notre vie professionnelle sur dix générations. Rien de bien grave.

The Gentleman manque de s'étrangler :

– Quand même !

– Et lorsqu'il aura fini son laïus, il nous regardera d'un air mauvais et annoncera : « Je vais prendre les mesures qui s'imposent. » Et il ne prendra rien ou presque. La vie, elle, reprendra son cours, Fred se découvrira une passion pour l'apiculture tibétaine, Alix continuera d'exercer son régime de terreur, Simplet de baliser et nos malheureux contribuables de payer les voitures de fonction de notre fine équipe et les subventions versées aux potes !

– Et nous ?

– Il va probablement vous inciter à repartir dans votre ministère d'origine plus vite que prévu. Moi, j'aurai droit à une de ces missions bidon dont il a le secret pour m'éloigner de la DIE. Dans six mois, je demanderai mon détachement, nous aurons tous les deux perdu quelques-unes de nos illusions. On se reconstruira ailleurs.

9 h 30

Grand Chef Sioux a peaufiné le décorum. Son bureau disparaît sous une pile de dossiers et il a pris soin de disposer un caddie de parapheurs pile en face de la porte d'entrée. Franchement dé-bor-dé, le DGS. Je donnerais cher pour aller faire un petit tour dans l'historique de son PC.

À ses côtés, un costumé-cravaté qui ne me sera pas présenté. C'est l'élément inconnu censé me mettre mal à l'aise.

Raté.

Mes heures passées à ne rien faire, combinées à la restriction de mon accès à internet, m'ont permis de surfer à loisir sur l'intranet de la mairie et de me constituer un trombinoscope du sérail. Le type tout seul dans son costume qui va prendre des notes qu'il ne relira jamais en m'observant à la dérobée n'est autre que le directeur du service juridique, assujetti au régime de terreur de Grand Chef Sioux.

– Vous savez pourquoi je vous ai convoquée ?

– Pas du tout.

– Votre attitude est inacceptable, rugit-il en se penchant vers moi pendant que je teste mes capacités d'apnée pour échapper à son haleine fleurant bon les relents de whiskys mal digérés de la veille. Quand je pense que vous aviez des difficultés à trouver un emploi et que nous vous avons accueillie à bras ouverts..., déplore-t-il, hochements de tête indignés à l'appui.

J'ai effectivement été accueillie à bras ouverts : la nécessité de faire grimper sa maîtresse au grade d'administrateur nécessitait une embauche extérieure d'une personne de même grade. Ce n'est pas un recrutement social qu'ils ont fait, mais un recrutement de quota.

– En quoi mon attitude est-elle inacceptable, précisément ?

Grand Chef Sioux tapote nerveusement un épais dossier malheureusement labellisé « École Jules-Ferry », avant d'annoncer :

– Ce n'est pas la première fois que je reçois des plaintes à votre sujet.

Fantastique. En plus d'être incompétents, certains agents se vautrent dans la délation. Rien de bien nouveau, mais cela fait tout de même un petit choc.

– Ce n'est pas la première fois, répète-t-il avant d'expliquer que, dans sa grande bonté, il avait préféré temporiser jusque-là.

À la mairie, on temporise, on aplanit, on s'écrase : l'essentiel, c'est d'éviter tout coup d'éclat qui pourrait perturber la somnolence des services.

Mais ce temps-là est révolu : Grand Chef Sioux a dépêtré sa cape des branches d'arbres et sort enfin du bois pour rendre justice et sauver la veuve et l'orphelin ! Fred, Alix et Simplet, en l'espèce.

Il n'a jamais trouvé mon comportement normal : le 12 avril, il y a trois ans, je n'ai pas assisté au pot de départ du prédécesseur de Michelle. Grave défaillance. Il n'a pas voulu, à l'époque, tirer de conclusions hâtives de cette abominable défection, mais maintenant, il le sait : je suis une dangereuse asociale, dénuée de tout esprit d'équipe, une odieuse individualiste qui ose fermer la porte de son bureau lorsqu'elle a une note technique à rédiger, donc potentiellement à même de bloquer l'ensemble de l'administration de la ville.

Nous frisons un remake de Columbine – ce massacre d'étudiants américains –, mais il a déjoué mes sinistres plans.

– Et vos notes sur des points juridiques qui n'auraient pas été respectés, c'est ridicule, assène-t-il en se tournant vers le pantin qui, à ses côtés, griffonne compulsivement pour dissuader Grand Chef Sioux de lui demander son avis.

J'hésite à réagir. Mais mieux vaut le laisser déployer ses ailes de géant.

– Et avant de prétendre dénoncer les soi-disant problèmes de la mairie, vous devriez regarder vos propres dysfonctionnements, poursuit-il d'un ton vindicatif en se rengorgeant, apparemment ravi de ce qu'il considère sans doute comme une prouesse rhétorique.

Consternée, je suis.

– Vous savez quel est votre problème ?

Travailler pour des cons ?

– Je brûle d'envie de le savoir.

Le premier fonctionnaire de la ville se cale contre le dossier de son fauteuil, croise les jambes, appuie sa tête contre ses mains et déclare doctement :

– Vous êtes méchante.

– Ah oui, quand même. « Méchante ». Vous n'y allez pas avec le dos de la cuillère. C'est une accusation très grave.

– Je vais prendre les mesures qui s'imposent. Franchement, je ne sais plus quoi faire de vous.

10 h 30

The Gentleman entre au moment où je tasse un livre de poche entre mon agenda et ma souris tactile.

– Vous êtes virée ?

– « Mutée dans l'intérêt du service ». Sans arrêté officiel, évidemment. Et vous ?

– Mon détachement à la mairie prend fin de manière anticipée début juin. Des coups de fil ont été passés, je vais devenir chef de service au ministère de l'Écologie, du Développement durable, des Transports et du Logement. Ne me demandez pas de quel secteur je vais m'occuper, c'est encore très flou. Dans quel service êtes-vous affectée ?

– Tourisme… non, je plaisante. Si vous arrivez à décrypter ma fiche de poste, je vous laisse mon dernier paquet de Car-en-sac.

Le futur chef du service Écologie, Développement durable, Transports et Logement attrape la feuille froissée que m'a remise Grand Chef Sioux juste avant que je ne sorte de son bureau et lit :

– « Sous l'autorité directe du directeur général des services, vous serez en charge du suivi de l'action de la ville en matière de renforcement de la citoyenneté et de promotion d'un développement durable, de sa transversalité interne et des synergies développées avec les autres acteurs publics ou privés concernés par ces actions. Vous rendrez compte de ce suivi trimestriellement », achève-t-il, avant de se tourner vers moi et de demander : C'est une blague ?

– Non, un placard sur mesure.

Remerciements

Avoir vu les remerciements d'*Absolument dé-bor-dée* faire l'objet d'une analyse de texte poussée aurait pu me dissuader de récidiver avec ce roman. J'ai pris le parti d'exprimer, quoi qu'il arrive, ma reconnaissance à celles et ceux qui comptent vraiment pour moi.

Évidemment, cette liste n'est pas exhaustive (Alzheimer, le poisson rouge, tout ça...) et je présente à l'avance mes excuses aux personnes dont je me dirai, une fois le livre imprimé : « Mais comment ai-je pu les zapper ? »

Je tiens avant tout à remercier Danielle et Jean-Pierre D. pour leur soutien, leur humour, leurs conseils et leur présence inconditionnelle.

Je tiens ensuite à témoigner toute mon affection et ma reconnaissance à celles et ceux qui m'ont écoutée, comprise et soutenue alors qu'il était de bon ton de me fouler aux pieds :

Ma mère, qui envisageait d'aménager son grenier pour m'y accueillir – avec mon chat –, lorsqu'il était question que je sois révoquée de la fonction publique et qui m'a transmis ce qu'étaient les valeurs du service public.

Ma tante, qui a écouté avec attention chacune des émissions dans lesquelles j'ai eu la chance d'être invitée.

Fano, mon double asocial, pour tout.

Mes indispensables évidences à qui je dis « dniorf », qui m'ont appris à dire « chatte » et qui m'auraient atrocement manqué si je ne les avais pas rencontrées.

Mon chat, Crapaud, pour avoir accueilli les journalistes avec son flegme habituel et s'être prêté de bonne grâce à quelques séances photo.

Toute l'équipe d'Albin Michel, en particulier Alexandre pour ses remarques pertinentes, Chantal pour avoir poireauté dans les loges pendant que j'essayais de ne pas me ridiculiser en public et avoir permis à *Absolument dé-bor-dée* de se faire connaître et, last but not least, Maëlle, ma massacreuse de gras textuel préférée et la plus drôle des collectionneuses de charlottes de douche.

Mes amis, déjà cités dans le premier livre, et je rajouterais : Audrey, Alex, Cathy P. et F.-X.

Mon ancien professeur de fiscalité, pour ses conseils avisés, sa – toujours très juste – vision des choses et ses qualités d'écoute.

La seule personne que je connaisse capable de faire bouger ses oreilles indépendamment l'une de l'autre.

Arnaud et Corinne et tous ceux que je n'aurais jamais croisés sans ce livre.

Les personnes qui ont repris contact avec moi suite à la parution du livre et notamment Morgane, Alain M. et Benoît C. Cela m'a énormément touchée.

La liste de mes amis « virtuels », à l'amitié totalement réelle, a également grossi, et à ceux que je citais à la fin du premier livre, j'ajouterais : Helen C., David, Anne-Véronique, Graziella, Fansolo le lamentable, Emmanuel et son épouse, Dom de Corse, la famille de pingouins, Loop, Angie et Lottie.

Les lecteurs qui m'ont fait part de leur avis avec gentillesse, et qui, dans leurs courriers, dans des salons du livre, des librairies ou dans la rue, m'ont remerciée de les avoir fait rire et que je remercie encore plus de m'avoir lue.

À tous ceux-là, je rajoute les personnes qui ne se sont pas reconnues dans le livre ou n'étaient pas d'accord avec une telle démarche, mais ont pris la peine d'argumenter leurs propos sans violence et avec intelligence.

DU MÊME AUTEUR

AUX ÉDITIONS ALBIN MICHEL

Absolument dé-bor-dée !
ou Le paradoxe du fonctionnaire
2010

Composition Nord Compo
Impression CPI Bussière en septembre 2012
à Saint-Amand-Montrond (Cher)
Éditions Albin Michel
22, rue Huyghens, 75014 Paris
www.albin-michel.fr

ISBN : 978-2-226-24381-2
N° d'édition : 20171/05. – N° d'impression : 123527/4.
Dépôt légal : septembre 2012.
Imprimé en France.